Schwarzer

Schulangst und Lernerfolg

Studien zur Lehrforschung

Herausgeber: Prof. Dr. Karl Josef Klauer
 Prof. Dr. Hans-Joachim Kornadt

Band 12

Ralf Schwarzer

Schulangst und Lernerfolg

Zur Diagnose und zur Bedeutung von
Leistungsangst in der Schule

Pädagogischer Verlag Schwann Düsseldorf

© Pädagogischer Verlag Schwann Düsseldorf
Alle Rechte vorbehalten · 1. Auflage 1975
Umschlaggestaltung Peter J. Kahrl
Herstellung Express Druckerei Düsseldorf
ISBN 3-590-14312-6

Inhalt

Vorwort 7

I. Theoretische Aspekte der schulbezogenen Angst und ihre psychometrische Erfassung 9

 1. Einordnung der Schul- und Leistungsangst in den Kontext der Angstforschung 9
    a) Angst als Alltagserscheinung 9
    b) Kurzer historischer Abriß der Angstforschung 12
    c) Angst als wissenschaftliches Konstrukt: Überblick über die wichtigsten theoretischen Ansätze 15

 2. Instrumente zur Erfassung von Angst in der Schule 26
    a) Übersicht über verschiedene instrumentelle Versionen 26
    b) Fragebogen zur Erfassung allgemeiner Angst 27
    c) Fragebogen zur Erfassung von Schul- und Leistungsangst ... 30

II. Forschungsbefunde über Leistungsangst in der Schule 36

III. Eigene Forschungsarbeiten über Schulangst und Lernerfolg .. 45

 1. Fragestellungen 45
 2. Beschreibung der Stichproben 47
 3. Ergebnisse 49
    a) Instrumentelle Eigenschaften der TASC 49
    b) Statistische Kennwerte für die verschiedenen Stichproben ... 57

c) Andere Angstmaße als Außenkriterien für die Validierung .. 63
d) Leistungsangst im Gruppenvergleich: Geschlecht, Schulart und Sozialstatus 66
e) Untersuchungen zur faktoriellen Validität der TASC 72
f) Leistungsangst und andere Persönlichkeitsvariablen 74
g) Leistungsangst und Erziehungsstil 79
h) Leistungsangst und Schulleistungen 80
i) Leistungsangst und Intelligenz 85
j) Die Prognose des Lernerfolgs mit Hilfe der Leistungsangst als Variable im Rahmen multipler Vorhersagen 87
k) Leistungsangst als Moderatorvariable 91
l) Angst-Intelligenz-Interaktionen (AII) 93

IV. Zusammenfassung und Ausblick 97

Anhang 105

Literaturverzeichnis 117

Vorwort

Angst ist ein Phänomen, das uns täglich begegnet und unser Erleben und Verhalten beeinflußt. Manchmal merken wir an innerer Unruhe oder körperlichen Begleiterscheinungen, daß wir äußere Situationen als bedrohlich empfinden oder daß Gedanken an Vergangenes oder Zukünftiges uns in unserem Wohlbefinden beeinträchtigen. Selten denken wir als Pädagogen daran, auch den Schulkindern Angsterlebnisse in gleicher Weise zuzugestehen. Die Bedeutung von Schulangst wird offenbar weit unterschätzt. Doch gerade in der Schule gibt es eine Vielzahl von äußeren Situationen, die beim Kind Angst auslösen können, wie z. B. schriftliche Klassenarbeiten, mündliche Anforderungssituationen, sozialer Gruppendruck usw.
Welche Auswirkungen Angst in der Schule auf den Erfolg in der Schule hat, ist eine Fragestellung, die sich in der Erziehungswissenschaft mit empirischen Methoden weitgehend beantworten läßt. Dieser Frage soll in der vorliegenden Arbeit unter anderem nachgegangen werden. Im Rahmen von Schulforschungsprojekten sind einige Tausend Schüler zu diesem Zweck mit einem Leistungsangstfragebogen und anderen Instrumenten untersucht worden. Die Befunde lassen erkennen, bei welchen Schülern Leistungsangst besonders ausgeprägt ist und in welchem Ausmaß die Angst den Lernerfolg und die schulische Karriere beeinträchtigt. Dabei wird auch deutlich, wie die Sozialschicht- und die Geschlechtszugehörigkeit Unterschiede in der Selbstzuschreibung von Leistungsangst hervorbringen.
Die vorliegende Feldstudie soll nicht nur auf die Möglichkeit der relativ präzisen Diagnose von Angst bei Schulkindern hinweisen, sondern

auch auf die Notwendigkeit, einerseits angstauslösende Situationen im System Schule abzubauen und andererseits Maßnahmen in Angriff zu nehmen, um ängstliche Schüler emotional zu stabilisieren und individuellen Sicherheitsbedürfnissen entgegenzukommen.

Ralf Schwarzer

I. Theoretische Aspekte der schulbezogenen Angst und ihre psychometrische Erfassung

1. Einordnung der Schul- und Leistungsangst in den Kontext der Angstforschung

a) Angst als Alltagserscheinung

Wir wissen wenig darüber, ob die Menschen heute mehr Angst erleben als früher und ob Angst und Neurotizismus in hochzivilisierten Gesellschaften einen größeren Stellenwert haben als in weniger entwickelten Kulturkreisen. Einige Autoren nehmen dies jedoch an (vgl. SPIELBERGER 1966, S. 4 f.) und begründen ihre Vermutung mit dem Zeitgeist des 20. Jahrhunderts, der unter anderem charakterisiert sei durch schnellen sozialen Wandel, Verlust von personalen Bindungen, Mangel an Geborgenheit, permanente atomare Bedrohung, den Kalten Krieg und beruflichen Streß in einer leistungsorientierten Umwelt. Angst ist dann ein wesentliches Persönlichkeitsmerkmal, das unser Verhalten in allen möglichen Situationen mehr oder weniger mitbedingt. Angst ist unter dieser Prämisse weniger die gelegentlich und ganz natürlich auftretende Furcht vor einem gefährlichen Objekt oder einer konkreten Gefahrensituation, sondern sie ist eine „neurotische Angst", sie wird auch dann aktualisiert, wenn die Situation objektiv nicht bedrohlich ist, aber subjektiv so erlebt wird. Oft genügen schon die Gedanken an ein vergangenes oder zukünftiges Geschehen, um Unbehagen zu erzeugen und körperliche Begleiterscheinungen auftreten zu lassen. Solche Gedanken können sich z. B. auf den Verlust einer Bindung beziehen wie die Trennung von der Mutter oder die Verweigerung emotionaler Wärme durch einen Partner. Oder sie können leistungsthematisiert sein, indem man z. B. daran denkt, wie man öffentlich auftreten muß, von einem Publikum beobachtet wird, oder wie man sich in einer Prüfung befindet. Für die Kinder in diesem Jahrhundert ist die Schule eine Institution, die sie von ihren familiären Bindungen teilweise entfernt und in der täglich

Leistungen verlangt werden. Entsprechend interpretieren viele Autoren (z. B. SARASON 1971) die neurotische Angst der Schulkinder als Trennungsangst und Leistungsangst. Die Begriffe sind nicht disjunktiv zu verstehen. Vielmehr ist die Trennungsangst ein Phänomen, das in der kindlichen Entwicklung natürlicherweise immer dann auftritt, wenn die Bezugsperson sich entweder räumlich entfernt oder das Kind auf andere Weise von der Affektzufuhr entbindet. Erst die institutionelle Trennung durch die Einschulung bringt das Kind nicht nur in die anhaltende Isolierung von der Mutter, sondern zugleich in eine dauerhafte soziale und intellektuelle Anforderungssituation. Die Trennungsangst ist der Leistungsangst begrifflich untergeordnet und wirkt verschärfend, weil Leistung nun ohne die gewohnte Geborgenheit vollbracht werden muß. Man kann die Angst auch als einen Gegenpol zum Sicherheitsgefühl betrachten. Wenn die Sicherheit durch vermeintliche Gefahren als bedroht erlebt wird, reagiert der Mensch ängstlich. Wenn ein Schüler eine Prüfung erwartet, sieht er sich der angeblichen Gefahrensituation allein ausgesetzt und aktualisiert mit hoher Wahrscheinlichkeit Leistungsangst. Es ist anzunehmen, daß die ,,neurotische Angst" als generelles Persönlichkeitsmerkmal weitgehend durch eine leistungsthematische Komponente charakterisiert ist.

Man kann sich nun fragen, wie Angst von solchen Kindern selbst erlebt wird, die einen hohen Ausprägungsgrad in diesem Persönlichkeitsmerkmal aufweisen, und man kann fragen, wie der Ängstliche von anderen gesehen wird. Wenn ,,neurotische Angst" auch in der Schule eine Alltagserscheinung ist, wäre es für den Pädagogen wichtig zu wissen, welches Fremdbild Klassenkameraden, Lehrer und Eltern von hochängstlichen Schülern haben. Versuchen wir daher, den Hochängstlichen differenziert zu betrachten nach (1) seinem Selbstbild, (2) dem Fremdbild der Klassenkameraden, (3) dem Fremdbild der Lehrer und (4) dem Fremdbild der Eltern (nach GAUDRY/SPIELBERGER 1971, S. 18-22).

Der hochängstliche Schüler hat ein negatives Selbstkonzept: je höher das Angstniveau, desto geringer schätzt er seine persönliche Bedeutung, seinen sozialen Status in der Gruppe und seine Fähigkeiten ein. Er fühlt sich abhängig von anderen und hat Schwierigkeiten, seine Emotionen angemessen zum Ausdruck zu bringen. Er zieht es vor, auf ,,Nummer sicher" zu gehen, scheut das Risiko und das Abenteuer, bevorzugt stereotype Verhaltensmuster und zeigt ein reduziertes Neugierverhalten. Er flieht aus der Realität der leistungsorientierten Schulumwelt in die schöne Welt der „daydreams". Er kompensiert seine Insuffizienzgefühle durch Tagträume, in denen er sich als stark, reich und bewundernswert erlebt.

Das Fremdbild der Klassenkameraden wurde durch soziometrische Techniken ermittelt. Je höher das Angstniveau eines Schülers war, desto größer war die Anzahl der negativen Wahlen (Ablehnungen). In einem fiktiven „Klassenschauspiel" wurden den Hochängstlichen die Rollen der negativen Schauspieler zugeschrieben. Beliebtheit und Ängstlichkeit stehen im umgekehrten Verhältnis zueinander. Hochängstliche werden von ihren Klassenkameraden oft diskriminiert.
Lehrer schreiben den Hochängstlichen allgemein negative Persönlichkeitsmerkmale zu. Sie erklären sie zugleich als unangepaßt. Ängstliche Jungen wurden in einer Untersuchung als submissiv, unaufmerksam, verantwortungslos, träge usw. bezeichnet. Das Fremdbild der Lehrer von den Ängstlichen ist im übrigen ziemlich diffus, weil es meist nicht gelingt, Schüler mit hoher oder niedriger Angstneigung zu identifizieren. Lehrer nehmen als Indikatoren für dieses Persönlichkeitsmerkmal häufig nur das Ausmaß der Gehemmtheit und Mitarbeit im Unterricht.

Das Fremdbild der Eltern von ihren ängstlichen Kindern ist nach Vater- und Mutterstereotyp zu unterscheiden. Väter von hochängstlichen Jungen und Mädchen bezeichnen diese ihre Kinder als unreif, unruhig, abhängig usw., während die Mütter keinerlei Unterschiede in der Wahrnehmung von Hochängstlichen und Niedrigängstlichen bei der Befragung zugaben. Dies führen die Autoren (SARASON u. a. 1971) darauf zurück, daß Mütter von Hochängstlichen so starke Defensivität entwickeln, daß ihre Antworten nicht verwertbar sind.

Die mehr oder weniger ausgeprägte alltägliche Schulangst ist offenbar ein pädagogisch bisher unterschätztes Phänomen. Der ängstliche Schüler erlebt seine Umwelt als bedrohlich, wird von seinen Mitschülern nicht angemessen akzeptiert und von den Lehrern mit negativen Attributen versehen. Dabei gelingt es Lehrern im allgemeinen gar nicht, die Ängstlichen als Ängstliche zu identifizieren – geschweige denn, den Grad der Angstneigung zu diagnostizieren. Damit verhindern implizite Persönlichkeitstheorien von Lehrern (vgl. HOFER 1969; SCHNEIDER 1973) die pädagogisch-therapeutische Intervention, um Angstreduktion zu betreiben und den Schülern somit eine bessere Lernumwelt und einen akzeptablen sozialen Status in der Schulklasse zu verschaffen.

b) Kurzer historischer Abriß der Angstforschung

Die Angst ist erst im vorigen Jahrhundert zum Gegenstand systematischer Untersuchungen geworden. Vor allem aus der Philosophie, der Theologie und Psychoanalyse kamen die ersten Beiträge über die Bedeutung von Angst für den Menschen. Dementsprechend waren die Untersuchungsmethoden eher kontemplativ als empirisch. Im Zusammenhang mit der ,,Existenz", dem ,,Nichts", dem ,,Gott", dem ,,Kosmos", der ,,Grundbefindlichkeit" und dem ,,Eigentlichen" sprechen Denker wie KIERKEGAARD (1844) und HEIDEGGER (1927) von Angst. Für die Pädagogik waren diese Ansätze nicht ganz so bedeutend wie das Vordringen der Psychoanalyse, die bis in die Gegenwart hinein einen Einfluß auf pädagogisch bedeutsame Fragen (z. B. ,,Prüfungsangst"; s. u.) ausübt.

Während Freud in seiner Arbeit ,,Klinische Symptomatologie der Angstneurose" (1895) noch davon ausgeht, daß Angst das Ergebnis der Verwandlung von unterdrückter Sexualspannung ist, revidiert er seine Auffassung in der Arbeit ,,Hemmung, Symptom und Angst" (1926) in der Weise, daß nun die Angst das auslösende Moment der Verdrängung von Triebimpulsen darstellt. Die verbotenen Triebimpulse erzeugen Angst; das mit physiologischen Korrelaten auftretende Angsterlebnis ist ein Signal und veranlaßt das ICH zur Verdrängung der Triebimpulse. Diese Dynamik ist von erhöhter *Triebspannung* begleitet; dazu treten *Schuldgefühle* wegen der Verstöße gegen Normen, die in der Phase der Primärsozialisation internalisiert wurden. Die Aufgabe des ICH ist es dabei, die Realitätsbewältigung zu managen und einen Ausgleich der Triebimpulse aus dem ES mit den normativen Anforderungen des ÜBERICH zu erzielen. Wenn das ICH diesen Belastungen nicht mehr gerecht wird, spricht man von ICH-Schwäche.

Einige Neofreudianer stellen die Angst in den Mittelpunkt ihrer theoretischen Konzeption, so z. B. HORNEY (1951) in ihrem Buch ,,Der neurotische Mensch unserer Zeit" und RIEMANN (1961, 1973[8]) in seiner immer noch verbreiteten Schrift ,,Grundformen der Angst – eine tiefenpsychologische Studie". Psychoanalytische Erörterungen der Prüfungsangst in der deutschsprachigen Pädagogik finden wir bei STENGEL (,,Prüfungsangst und Prüfungsneurose", 1936), MOELLER (,,Zur Psychoanalyse der Prüfungsangst", 1968) und KVALE (,,Prüfung und Herrschaft", dt. 1972). Charakteristisch für Arbeiten mit diesem theoretisch-historischen Bezug sind einerseits hypothesengewinnende Modellbildungen und andererseits Spekulationen, also Aussagen, die noch nicht empiriefähig sind und damit kaum zu wissenschaftlichen Erkenntnissen etwas beitragen, so z. B.:

„Während Angst für die manifesten pädagogischen und diagnostischen Funktionen der Prüfungen eine Stör- und Fehlerquelle bildet, verweist diese vor allem auf die latenten Unterdrückungs- und Abrichtungsfunktionen von Prüfungen. Die Rekruten sollen nicht zu leicht durch das Ritual kommen, sie sollen in Unsicherheit und Spannung gehalten' werden. Prüfungsangst dient dazu, die Studenten gehorsam unter Kontrolle zu halten. Sie werden mit Hilfe von Angst eingeschüchtert und soweit gebracht, im Prüfungsritual nachzuweisen, daß sie die Werte der Herrschenden akzeptiert und übernommen haben. Mögliche Aggressionen den Autoritäten gegenüber richten sich dann auf die Mitkonkurrenten" (KVALE 1972, S. 150).

Eine andere Gruppe von pädagogisch bedeutsamen Autoren rekurriert mehr auf die philosophisch-theologische Tradition. Als prominentester Vertreter gilt wohl BOPP mit seinem Büchlein „Das ängstliche Kind" (1949, 1962[4]), das in einer heilpädagogischen Schriftenreihe erschienen ist. BOPP überschreibt seine Kapitel mit Formulierungen wie „Erschließung der metaphysischen Welt im Angsterlebnis", „Verdrängte Angst als Störenfried und Spukgeist", „Auf der Hut vor bösen Kameraden", „Liebe als Furcht- und Angstüberwinderin" usw. Im Text heißt es z. B.: „Von Gottesfurcht beseelt, die keineswegs die Gottesliebe ausschließt, gelingt es einem Menschen, die Weltangst und Menschenfurcht zu überwinden. Aus göttlicher Geborgenheit heraus kann er den Absprung in die Ungeborgenheit der Welt, d. h. in die Gefahren des Lebens, wagen; denn eigentlich springt er gar nicht ab, sondern nimmt seine göttliche Geborgenheit in die weltliche Ungeborgenheit mit" (BOPP 1949, S. 30f.). In einem abschließenden „Heilpädagogischen Zehnwort zur Vorbeugung und Heilung" kommt deutlich der religiösnormative Charakter solcher Schriften zum Ausdruck.

Es ist erstaunlich, daß bis heute noch theologisch, philosophisch und psychoanalytisch orientierte Arbeiten hierzulande in der pädagogischen Diskussion dominieren. Erst mit der kommerziellen Verbreitung von Angstfragebogen im Rahmen der pädagogisch-psychologischen Diagnostik ändert sich das Bild allmählich. Im Vorgriff auf das Kapitel über Instrumente zur Erfassung von Angst in der Schule seien hier die Publikationsjahre der gemeinten Verfahren genannt:

1969: Kinder-Angst-Test (THURNER/TEWES)
1972: Fragebogen für Schüler FS 11–13 (GÄRTNER-HARNACH)
1973: Fragebogen für Schüler FS 5–10 (GÄRTNER-HARNACH)
1974: Angstfragebogen für Schüler (WIECZERKOWSKI u. a.)

Dieser Aufschwung ist vergleichbar mit der entsprechenden Erscheinung in den USA zwei Jahrzehnte zuvor. Während sich auch dort in der ersten Hälfte dieses Jahrhunderts die „akademische" Psychologie fernab von der Psychoanalyse praktisch nur auf Tierversuche beschränkte, begann um 1950 sich das Interesse auf die z. T. experimentelle Erforschung der menschlichen Angst zu richten. Es ist anzunehmen, daß zuvor der Mangel an Routineverfahren zur Quantifizierung dieser Variablen für die Forschungspraxis ein wesentliches Hindernis dargestellt hatte. So liegt es nahe, die Publikationswelle nach 1950 mit der Veröffentlichung des „Test Anxiety Questionnaire" von MANDLER/SARASON (1952) und der „Manifest Anxiety Scale" von TAYLOR (1953) zu erklären. SPIELBERGER (1966a) hat die Anzahl der Zeitschriftenartikel ausgezählt, die seit 1928 (in Vierjahresblöcken) zu den Stichworten „Anxiety" und „Fear and Phobia" in den Psychological Abstracts aufgeführt waren (vgl. Abbildung 1).

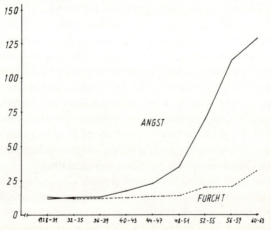

Abbildung 1: Anzahl der Zeitschriftenartikel, die unter dem Stichwort „anxiety" bzw. „fear and phobia" von 1928 bis 1963 in den Psychological Abstracts aufgeführt wurden. Es gilt immer die Anzahl in dem entsprechenden Vierjahresblock (nach SPIELBERGER 1966a, S. 6).

Anhand der Graphik ist deutlich erkennbar, daß die Angstforschung in der amerikanischen Psychologie vor zwei Jahrzehnten stark an Umfang und Bedeutung gewann. Zur gleichen Zeit war die Technik der Faktorenanalyse relativ ausgereift. Dadurch wurden methodisch neuartige Beiträge zur Angst- und Neurotizismusforschung möglich (EYSENCK 1957; CATTELL/SCHEIER 1961). Jetzt wurden auch öffentliche Mittel zur Verfügung gestellt, um Angst bei Schulkindern im großen Ausmaß zu erforschen (vgl. S. B. SARASON u. a. 1960, dt. 1971). Für die hierzulande häufig von Psychologen betriebene empirische Erziehungswissenschaft scheint sich ein vergleichbarer Umschwung abzuzeichnen, der mit der Entwicklung der o. g. Instrumente einhergeht (vgl. WIECZERKOWSKI u. a. 1969; ZIELINSKI 1967; NICKEL/SCHLÜTER 1970; SCHELL 1972; GÄRTNER-HARNACH 1972; NICKEL u. a. 1973). Es ist in Fortschreibung dieses Trends zu erwarten, daß die traditionell orientierte Angstliteratur in der Erziehungswissenschaft den empirischen Arbeiten weichen wird. In diesem Sinn soll auch die vorliegende Studie verstanden werden. Diagnostischen Verfahren zur Erfassung von Leistungsangst wird in der Zukunft besondere Bedeutung für die pädagogische Praxis zukommen, da sich nachweisen läßt, daß Leistungsangst im schulischen Lernprozeß eine nicht unwichtige Rolle spielt und pädagogisch-therapeutische Interventionen eine quantitative Diagnose voraussetzen.

c) *Angst als wissenschaftliches Konstrukt: Überblick über die wichtigsten theoretischen Ansätze*

Während die Angst als Alltagserscheinung ein Phänomen darstellt, über das wir uns inhaltlich und terminologisch leicht verständigen können, gibt es für die Angst als wissenschaftliches Konstrukt divergierende theoretische Ansätze. Im folgenden sollen in vereinfachter Weise die verbreitetsten Auffassungen skizziert werden, um dem Leser eine grobe Orientierung zu ermöglichen. Dabei ist der orthodoxe psychoanalytische Ansatz nicht berücksichtigt. Für weitergehende Studien sei auf die Originalliteratur sowie auf FRÖHLICH (1965) und GÄRTNER-HARNACH (1972) verwiesen.

Zuerst sollen das Drive-Modell und das Habit-Interferenz-Modell vorgestellt werden, dann die Angst als Leistungsmotiv und schließlich Konzeptionen, die eine Trennung von Angst als Persönlichkeitsmerkmal und Angst als Zustand voraussetzen.

Das Drive-Modell

Aus der lerntheoretischen Tradition und vor allem unter dem Einfluß von HULL (1943), der in seiner systematischen Verhaltenslehre ein komplexes Beziehungsgefüge von intervenierenden Variablen zwischen den unabhängigen Variablen (S) und den abhängigen Variablen (R) postulierte, entwickelten SPENCE und TAYLOR (bes. 1956) im Rahmen ihrer IOWA-Schule das Drive-Modell, in dem Angst synonym gesehen wird mit einem „emotionally based drive". Die Angst ist dabei eine Art Energetisierungsfaktor oder Antrieb. Die Grundlage für Reaktionen (R) auf einen Reiz (S) stellt das Erregungspotential (E) dar. Dieses Erregungspotential oder excitatorische Potential ist das Ergebnis einer multiplikativen Verknüpfung von Habit-Stärke (H) und dem Antrieb (D):

$$S \longrightarrow \boxed{H \times D = E} \longrightarrow R$$

Zwischen Reiz und Reaktion liegen also intervenierende Variablen, die ihrerseits in einer gewissen Beziehung zueinander stehen, wie aus dem vereinfachten Schema hervorgeht. Aus dem Produkt der gelernten Reaktionstendenzen (Habits) und dem Antrieb (Drive) ergibt sich demnach das Reaktionspotential (E). Diese Auffassung hat Konsequenzen für die Erklärung der Wirksamkeit der Angst im Zusammenhang mit Lernleistungen, denn die Reaktion auf eine Aufgabe (S) hängt ja nicht nur von den bisher gelernten Reaktionstendenzen (H) ab, sondern auch von der gleichzeitig aktualisierten Energie (D).

Da ein hohes Angstniveau nach SPENCE und TAYLOR einem hohen Antrieb (D) entspricht, müßten Hochängstliche (HÄ) besser (schneller) lernen als Niedrigängstliche (NÄ). Die Überprüfung dieser Hypothese wurde von den beiden Autoren in einer Reihe von Lidschlagkonditionierungsexperimenten vorgenommen (vgl. TAYLOR 1951; SPENCE/FARBER 1953; SPENCE/TAYLOR 1951; alle dt. 1971). Es ließ sich bestätigen, daß das erwünschte Verhalten bei HÄ schneller konditionierbar und zugleich extinktionsresistenter war als bei NÄ (zur Kritik vgl. FIELD und BRENGELMANN 1961; GOULET 1968).

Man versuchte also, die Bedeutung der Angst (D) für die Lernleistung experimentell zu ermitteln, indem man die Lerngeschwindigkeit von Gruppen mit verschieden hohem Angstniveau – gemessen mit der Manifest Anxiety Scale – vergleichend untersuchte und eine kausale Wirkung der Angst postulierte. Allerdings gestehen die Autoren zu, "that all performance differences that occur between anxiety groups cannot be explained in terms of drive level" (SPENCE/SPENCE 1966, S. 292)*. Offenbar ist zu berücksichtigen, daß verschieden starke Reaktionstendenzen (H) auf verschiedenen Stufen des Lernens bei der Multiplikation mit der Angst (D) zu einem völlig unterschiedlichen Reaktionspotential (E) führen. "Thus, while the performance of a high drive group would be expected to be inferior to that of a low drive group in early stages of learning, it should become superior in later stages" (ebda., S. 300). In der Tat beobachtet man häufig bessere Lernleistungen von hochängstlichen Personen bei leichten Aufgaben und Mißerfolg bei schweren Aufgaben. Für diesen Sachverhalt scheint jedoch das Habit-Interferenz-Modell eine bessere Erklärung zu liefern.

Das Habit-Interferenz-Modell

Beim Habit-Interferenz-Modell der YALE-Schule (MANDLER/SARASON 1952)* stehen sich zwei angenommene Drive-Arten manchmal konkurrierend gegenüber: „task-drive" und „anxiety-drive". Es wird angenommen, daß in bestimmten leistungsfordernden Situationen die angstbezogene Energie gegenüber der aufgabenbezogenen Energie dominant wird und dadurch Habit-Interferenzen herbeiführt. Die aufgabenbezogene Energie wird durch die Aufforderung zur Lösung einer Aufgabe mobilisiert und durch deren Erledigung reduziert. Die angstbezogene Energie wird gleichzeitig aufgrund früherer mit Angstreaktionen verbundener Lernerfahrungen mobilisiert und entweder durch die Lösung der Aufgabe oder durch Angstreaktionen reduziert.

Anstelle eines einzigen Antriebs finden wir hier zwei energetisierende Komponenten und drei verschiedene Habit-Arten als mögliche intervenierende Reaktionstendenzen, deren Zusammenwirken zu zwei alternativen Endreaktionen führen kann. Die dominante Endreaktion hängt also wesentlich von den intervenierenden Reaktionstendenzen ab.

---

* Nach der Eheschließung zwischen Janet TAYLOR und K. W. SPENCE werden die Autoren meist als „SPENCE/SPENCE" zitiert.
* Es sei darauf hingewiesen, daß Seymour B. SARASON und Irwin G. SARASON beide bedeutende Angstforscher sind. Da in dieser Arbeit vorwiegend auf den ersten Bezug genommen wird, ist immer er gemeint, wenn die Initialen der Vornamen über die Zuordnung keine andere Auskunft geben.

„Diejenigen Ängstlichkeitsreaktionen, die als aufgabenspezifisch angesehen werden können, sind nach MANDLER nicht im Antwortenrepertoire eines Individuums gegenwärtig, werden aber im Verlauf der Aufgabenlösung, und zwar durch die verstärkende Wirkung der Angstreduktion, gelernt. Die für eine Aufgabe nicht spezifischen Reaktionen dagegen gehören als erworbene Reaktionen – gemeint sind gelernte Angstreaktionen – einem individuellen habit-System an und werden durch den Generalisationsprozeß bei Ich-Bedrohung als triebreduzierende Abwehrformen eingesetzt. Aus diesen Annahmen folgern die Autoren, daß Individuen mit hohem Angst-drive und einer großen Anzahl von potentiellen Angstreaktionen in Angst auslösenden Situationen mehr irrelevante, d. h. ängstliche Verhaltensformen zeigen als Individuen mit niedrigem Angst-drive. Umgekehrt neigen Individuen mit niedrigem Angst-drive zu mehr aufgabenrelevanten ‚,response sets" als Vpn mit hohem Angst-drive. Hinsichtlich des Zusammenhanges von Leistung und Angstniveau wird sich bei leichten Aufgaben die dominante Reaktionstendenz sehr rasch durch Summation von Aufgaben-drive und Angst-drive, bzw. die Tendenz zur optimalen Lösung leichter Aufgaben einstellen. Bei komplexem Material dagegen werden nicht-relevante habits durch den erhöhten Angst-drive generalisiert und interferieren mit aufgabenrelevanten habits, was eine negative Beeinflussung der Leistungsfähigkeit zur Folge hat" (SCHELL 1972, S. 13).

Dieser Erklärungsversuch entspricht einigen Gedanken aus der Interferenztheorie von CHILD (1954). Bei leichten Aufgaben gibt es demnach keine konkurrierenden Reaktionstendenzen, während bei komplexen Aufgaben solche Tendenzen mit unterschiedlicher Habitstärke hervorgerufen werden. Wenn nun diese Habits für falsche Reaktionen stärker sind als für richtige, versagen die Hochängstlichen. Dazu kommen störende Triebreize (S_D), die aufgabenirrelevante Reaktionen hervorrufen, welche mit den relevanten Reaktionen interferieren und die Leistung der Hochängstlichen beeinträchtigen. Auch die Vertreter der IOWA-Schule haben später Annahmen von CHILD berücksichtigt, erklären sich jedoch nicht mit der Auffassung der YALE-Schule einverstanden, daß Interferenzen durch die Aufgabenschwierigkeit hervorgerufen werden: "We disagree, however, about the role of task difficulty in eliciting these competing responses and hence about the appropriateness of a response-interference hypothesis in explaining certain of the MAS data" (SPENCE/SPENCE 1966, S. 322).

Bei anderen Autoren (vgl. GAUDRY/SPIELBERGER 1971) findet man zusätzlich die Annahme, daß anstelle des Aufgabenmaterials die Intelligenz eine Rolle als intervenierende Reaktionstendenz spielt, von der die

Endreaktion bei kognitiven Aufgaben abhängt. Hochintelligente HÄ leisten demnach mehr als niedrigintelligente HÄ und letztere weniger als niedrig-intelligente NÄ. Es handelt sich hier um die Annahme einer Angst-Intelligenz-Interaktion (AII), die im weiteren Verlauf dieser Arbeit u. a. auch empirisch untersucht werden soll.

Die skizzierten möglichen Beziehungen der Angst zu Aufgabenkomplexität, Intelligenz und Lernleistung lassen vermuten, daß Angst in schulischen Situationen eine Rolle spielt, deren Wirkungsweise aufzudecken sich lohnt. Das Konzept der Schul- und Leistungsangst (test anxiety) geht vor allem auf SARASON zurück, der es für sinnvoller hält, situationsspezifische Angstphänomene zu untersuchen als die allgemeine Ängstlichkeit.

„Wir können annehmen, daß verschiedene Ängste eine erlebte Gefühlskomponente gemeinsam haben, aber das hilft uns wenig oder gar nicht zum Verständnis, welche anderen Gemeinsamkeiten zwischen Ängsten bestehen können, die offensichtlich ihrem Gehalt nach verschieden sind. Wir können unsere Auffassung so formulieren: erst wenn man verschiedene Ängste gründlich untersucht hat, wird man in der Lage sein, Aussagen über die *allgemeinen* Bedeutungen von Angst zu machen, wie immer sie zutage treten mag" (SARASON u. a. 1971, S. 16).

Die YALE-Gruppe hält Situationen mit Prüfungscharakter für besonders geeignet, untersucht zu werden, weil

a) Prüfungssituationen eine universelle Erfahrung unserer Kultur darstellen,

b) und dabei Leistungseinschätzungen vorgenommen werden,

c) die eine ernsthafte Konsequenz für den weiteren Verlauf des Lebens haben können.

Diese Charakterisierung legt nahe, warum im Zusammenhang mit Leistungsprüfungen (bzw. der Angst davor) Persönlichkeitsstörungen und schulische Schwierigkeiten auftreten.

In Anlehnung an FREUD versteht SARASON Angst als Gefahrensignal. Die Signalisierung resultiert allerdings nicht allein aus den jeweiligen bedrohenden Umweltreizen, sondern auch aus „inneren Ereignissen". Damit ist der Rückgriff auf unbewußte frühere Erfahrungen gemeint, in denen das Kind auf Leistungsbeurteilungen mit Angst zu reagieren gelernt hat:

„Die Reaktion des prüfungsängstlichen Kindes auf Prüfungen und prüfungsähnliche Situationen in der Klasse spiegelt seine Erfahrungen in psychologisch oder interpersonal ähnlichen Situationen in seinem Zuhause wider, vor und nach dem Beginn der formellen Einschulung. Die Prüfungsangstreaktion hat, zusätzlich zu ihrer bewußten Bedeutung, eine gleichzeitige unbewußte Bedeutung, die sich vornehmlich auf die Erfahrungen bezieht, die das Kind in der familiären Situation gemacht hat" (SARASON u. a., S. 22).

Daraus erklärt sich, daß die YALE-Gruppe der Eltern-Kind-Beziehung eine besondere Bedeutung für die Angstgenese zuschreibt. Die Eltern beurteilen ständig das Verhalten des sich entwickelnden Kindes und beeinflussen damit entscheidend die spätere Selbstwahrnehmung und das Anspruchsniveau. Kleine Kinder erfahren oft auch das verbale strafende Verhalten der Eltern als schmerzhaft und körperlich verletzend. „Wo Elternverhalten ständig starke Feindseligkeit erregt, wie beim prüfungsängstlichen Kind, dort wird die Vergeltung, die es erwartet, die Angst um körperliche Integrität einschließen – so unsere Hypothese" (SARASON u. a., S. 27). Es wird weiterhin angenommen, daß die schulische Umwelt, die durch leistungsfordernde Situationen und beurteilende und strafende Lehrer charakterisiert ist, bei zunehmender Ritualisierung auch eine zunehmende Verfestigung von Angstreaktionen zur Folge hat. Dabei bleiben manifeste Ängste nicht auf Prüfungssituationen beschränkt, sondern sind in der Art eines generell erhöhten Angstniveaus vorhanden, werden jedoch in schulischen Streß-Situationen besonders deutlich aktualisiert.

„S. B. SARASONs Theorie der Prüfungsangst wird entscheidend von der Reaktualisierung von Konflikten der frühen Kindheit in der Auseinandersetzung mit der Leistungsforderung geprägt. Diese Wiederbelebung von Konflikten in der Schul- und Prüfungssituation kann sowohl durch die Rollenidentität von Eltern und Lehrpersonen als auch anderen Kriterien bedingt sein, die eine Ähnlichkeit zwischen gegenwärtigen und in der Vergangenheit erlebten Bedingungskonstellationen bewirken" (SCHELL 1972, S. 21).

Angst als Leistungsmotiv

ATKINSON (1957, 1958, 1964) diskutiert Leistungsangst im Kontext der Leistungsmotivationsforschung. Es wird dabei unterschieden zwischen dem Motiv, Erfolg zu erlangen, und dem Motiv, Mißerfolg zu meiden. Man bezeichnet diese beiden Valenzen nach HECKHAUSEN (1963, 1965) als HE (Hoffnung auf Erfolg) und FM (Furcht vor Mißerfolg), wobei

das Leistungsmotiv FM ebenso als Leistungsangst angesehen werden kann. Entsprechend wird in der amerikanischen Motivationsforschung häufig der Test Anxiety Questionnaire von MANDLER/SARASON zur Quantifizierung dieses Motivs verwendet, während die Erfolgsmotivation im allgemeinen mit Hilfe projektiver Verfahren erfaßt wird.
Bei dem mathematisierten Motivationsansatz* ergibt sich die individuelle Reaktionstendenz aus einer multiplikativen Verknüpfung des Motivs mit der Erfolgserwartung und dem Anreizwert der erwarteten Konsequenzen des Verhaltens. ATKINSON nahm an, daß in einer Leistungssituation bei einer Erfolgserwartung von 0,50 der Erfolgsmotivierte sein Motivationsmaximum und der Mißerfolgsmotivierte (Leistungsängstliche) sein Motivationsminimum erreichen würde, was sich in dieser Form jedoch nicht empirisch bestätigen ließ. Die Auffassungen von ATKINSON sind verschiedentlich kritisiert und revidiert worden, so z. B. von FEATHER (1968) und HECKHAUSEN (1966, 1969). Neuerdings geht das Konzept der Erfolgs- und Mißerfolgsmotivation in eine allgemeinere Theorie der Ursachenerklärung (Kausalattribuierung) ein (vgl. MEYER 1973; WEINER 1973).
Bekanntlich erklären viele Menschen ihre beruflichen und privaten Erfolge mit ihren besonderen Fähigkeiten oder Anstrengungen, während sie Mißerfolge den widrigen Umständen, der objektiv geringen Erfolgschance oder dem Zufall (Pech) zuschreiben. Menschen unterscheiden sich offenbar darin, in welchem Ausmaß sie sich selbstverantwortlich fühlen für die Konsequenzen ihres Tuns. Diese Selbstverantwortlichkeit wird als internale Attribuierung bezeichnet, während man bei externaler Attribuierung die Handlungsfolgen mit äußeren Umständen erklärt. Es geht hier also nicht um die objektiven Ursachen, sondern um das Erleben von Erfolg und Mißerfolg. Nun referiert MEYER (1973, S. 65) eine Reihe von Untersuchungen, die einen hohen positiven Zusammenhang von Leistungsangst und Externalität ergaben. Daraus läßt sich die Vermutung ableiten, daß Personen, die ihre Erfolge und Mißerfolge als nicht selbst verursacht erleben, sondern als Ergebnis äußerer Umstände oder des Zufalls, eine höhere Leistungsangst entwickeln. Das ist sicher plausibel, weil Personen mit hoher Internalität der Umwelt aktiver begegnen und sich die Fähigkeit zuschreiben, das eigene Verhalten durch Kompetenz und Anstrengung auf erstrebte Ziele auszurichten. Dieser

---

* Man findet dafür häufig die Bezeichnungen „Risikowahlmodell" oder „Erwartungsmodell".

Aspekt wird differenzierter, wenn man zusätzlich annimmt, daß Leistungsängstliche entweder ihren Erfolg external oder ihren Mißerfolg internal attribuieren oder beides gleichzeitig tun (vgl. Abbildung 2).

	Personabhängigkeit	
	internal	external
Erfolg		X
Mißerfolg	X	

Abbildung 2: Beispiel für eine mögliche Kausalattribuierung bei Leistungsängstlichen

Ein solches Erleben wäre eine ,,einseitige Bekräftigungsstrategie", bei der das Motiv (hier also die Angst) im Laufe der Zeit zunehmend stabiler wird. Jemand, der eine hohe Selbstverantwortlichkeit für seine Mißerfolge und eine hohe Fremdverantwortlichkeit für seine Erfolge erlebt, wird vermutlich ,,Schuldgefühle", ,,Ich-Schwäche" und allgemein ein negatives Selbstkonzept, das von Leistungsangst beherrscht wird, entwickeln.

Die Forschungsbefunde dazu sind noch etwas uneinheitlich, vor allem bezüglich der Frage, ob Angst mehr durch internale Attribuierung der Mißerfolge oder mehr durch externale Attribuierung der Erfolge bedingt ist.

MEYER vermutet, ,,daß Bedingung der Angst auf der einen Seite eine hochgeneralisierte *Externalität* sein kann, auf der anderen Seite eine mehr situationsspezifische *Internalität* für Mißerfolge.

Ein hoher Externalitätspunktwert im ROTTER-Fragebogen indiziert vermutlich ein allgemeines Gefühl der Hilf- und Machtlosigkeit, das eine Vielzahl von Situationen betrifft. Diese subjektiv geringe Kontrollierbarkeit und Beeinflußbarkeit von Außenweltgegebenheiten kann allgemeine Ängstlichkeit nach sich ziehen, da der Eintritt zukünftiger Ereignisse nicht als voraussagbar und daher durch eigenes Verhalten abwendbar aufgefaßt wird. Die Angst bezieht sich in diesem Falle nicht auf selbstverursachte negative Handlungskonsequenzen, sondern auf den Eintritt nicht kalkulierbarer Ereignisse.

Andererseits kann Ängstlichkeit auch mit hoher Internalität korrelieren, nämlich immer dann, wenn die Angst sich auf selbstverursachte negative Leistungsresultate in verschiedenen Lebensbereichen bezieht. Bedingung der Möglichkeit dieser Art von Angst ist, daß der erwartete Effekt der eigenen Person zugeschrieben wird" (1973, S. 66).

Faktorenanalytische Angstforschung

Wie zu Beginn schon erwähnt wurde, ist die wissenschaftliche Erforschung des Phänomens „Angst" im wesentlichen durch die genialen Spekulationen FREUDs ausgelöst worden (vgl. FRÖHLICH 1965). FREUD ordnete die Erklärungsversuche für neurotische Angstsymptome der Instanzenlehre seines Persönlichkeitsmodells zu und kam sinngemäß zu folgender Darstellung, über die man ein ausführliches Kapitel schreiben könnte, was dem Leser hier erspart bleiben soll:

Überich	⟶	Schuldgefühle
Ich	⟶	Ichschwäche
Es	⟶	Triebspannung

Während die Epigonen der Psychoanalyse heute weitgehend inhaltlich auf die Lehre des großen Meisters bezogen bleiben, wird in der empirischen Persönlichkeitsforschung die FREUDsche Terminologie – wohl nicht zuletzt wegen ihrer Anschaulichkeit – teilweise beibehalten, um über Persönlichkeitsvariablen auch allgemeinverständlich kommunizieren zu können. Das FREUDsche Vokabular geht daher auch in gut brauchbare Definitionen bzw. Deskriptionen von Konstrukten ein:

„Ängstlichkeit (Angstneigung) bedeutet danach (u. a.) die Disposition zu hoher Triebspannung, die Neigung zu Schulderlebnissen, Ichschwäche, aber auch etwa die Neigung zu physiologischen Erscheinungen wie Herzklopfen und Atembeschleunigung" (HERRMANN 1969, S. 227).

Eine Fortsetzung der Erforschung dieses Angstkonzepts auf empirischer Basis mit psychometrischen Verfahren findet man z. B. in den Arbeiten von CATTELL (1965) und CATTELL/SCHEIER (1961). Die Autoren extrahierten einen Faktor 2. Ordnung, dessen Markiervariablen i. S. der FREUDschen Theorie benannt sind (nach HERRMANN 1969, S. 229):

	Faktor F (Q) II
Variablen (= Faktoren 1. Ordnung)	Ladungszahl
große Triebspannung (Q_4)	.67
Neigung zu Schuldgefühlen, Skrupel (0 +)	.60
Ichschwäche (C –)	.49
Furchtsamkeit und Scheu (H –)	.31

Wie aus den Bezeichnungen F (Q) II und Q_4 ersichtlich wird, beruht dieser Befund auf Q-Daten.* Nach CATTELLscher Auffassung müßte sich bei der Verwendung von T-Daten ein Ängstlichkeitsfaktor schon auf der Ebene der 1. Ordnung finden lassen, der mit dem F(Q)II hoch korreliert wäre, was auch tatsächlich durch den Nachweis des Faktors U. I. 24 bestätigt wurde.

„Der Faktor 2. Ordnung aus Q-Daten ist der ‚Ausdruck' des Faktors U. I. 24 ‚in einem anderen Medium'. Wenn aber U. I. 24 mit F(Q)II so stark übereinstimmt, so mißt U. I. 24 – grob gesprochen – dasjenige, was F(Q)II auch mißt: hohe Triebspannung, geringe Ichstärke, schüchterne Gehemmtheit usf." (HERRMANN 1969, S. 231).

Wichtig ist bei der faktorenanalytischen Angstforschung, daß nicht verschiedene Angstfaktoren für diverse Ängstlichkeiten gefunden wurden, sondern Ängstlichkeit offenbar als eindimensionales hypothetisches Konstrukt anzusehen ist.

Dieser Befund beschränkt sich allerdings nur auf das Konstrukt einer allgemeinen Ängstlichkeit bzw. Angstneigung i. S. eines „trait". Von der „trait-anxiety" unterscheiden CATTEL/SCHEIER jedoch die „state-anxiety" (Angstzustand) – eine Unterscheidung, die später von SPIELBERGER (1966) zu einer expliziten „State-Trait-Anxiety Theory" erweitert wird. Während die *Angstneigung* (trait anxiety) vor allem im Hinblick auf die interindividuellle Variabilität interessant ist, hat der *Angstzustand* (state anxiety) einen überwiegend intraindividuellen Aspekt. Dem faktorenanalytischen Ansatz entsprechend und unter Berücksichtigung der Trennung von Angst als Zustand und Angst als Persönlichkeitsmerkmal wurden von der Gruppe um CATTELL auch verschiedene Verfahren zur Quantifizierung dieser Variablen entwickelt (s. u.).

Der State-Trait-Angst-Ansatz

Als Hauptvertreter der State-Trait-Angst-Theorie gilt heute SPIELBERGER (1966 a, 1966 b, 1972), und zwar wohl vor allem deswegen, weil er und seine Mitarbeiter diese Unterscheidungen am deutlichsten mit Hilfe eines zweiteiligen Fragebogenverfahrens operationalisiert haben (s. u.), das Grundlage für viele Forschungsarbeiten im Bereich des schulischen Lernens geworden ist (1970). Bei CATTELL (s. o.) wurde die State-Angst

---

* Q-Daten = Questionnaire-Daten
T-Daten = Testdaten
U. I. = Universal Index

isoliert von der Trait-Angst diskutiert. Faktoriell ließen sich beide Konzepte trennen: die State-Angst (Faktor P. U. I. 9) war durch physiologische Markiervariablen charakterisiert und die Trait-Angst (Faktor U. I. 24) durch Fragebogenvariablen. SPIELBERGER integriert die beiden Begriffe zu einem Bezugssystem und verrechnet in seinen Forschungsarbeiten daher bivariate Prädiktoren und Kriterien.
Zustandsangst wird als eine vorübergehende emotionale Befindlichkeit angesehen, die durch erlebte Spannungen und eine erhöhte Aktivität des autonomen Nervensystems gekennzeichnet ist. Diese Zustandsangst ist per definitionem von Zeit zu Zeit verschieden akut und intensiv. Die Ängstlichkeit dagegen ist ein relativ stabiles Persönlichkeitsmerkmal, also eine zeitlich überdauernde Verhaltensdisposition. Hier lassen sich langfristige interindividuelle Unterschiede feststellen wie bei anderen Persönlichkeitsmerkmalen (z. B. Intelligenz). Die Ängstlichkeit als Eigenschaft (trait) ist synonym mit der Angstneigung. Menschen mit hoher Angstneigung reagieren auf Situationen, die als Ichbedrohung erlebt werden, mit hoher Zustandsangst, während Personen mit niedriger Angstneigung dann geringe Zustandsangst aktualisieren. Man spricht in dem Zusammenhang auch von gelernten Motiven, die in besonderen Situationen manifest werden. Man kann in gewisser Weise das Konzept der State- und Trait-Angst mit der kinetischen und der potentiellen Energie in der Physik vergleichen. State-Angst bezieht sich wie kinetische Energie auf einen wirklichen Vorgang, der mit einer bestimmten Ausprägung in einer kurzen Zeitspanne stattfindet. Trait-Angst verweist wie potentielle Energie auf Unterschiede in der Stärke einer latenten Disposition, mit der eine bestimmte Reaktionsweise manifestiert werden kann. Wie potentielle Energie Unterschiede von physikalischen Objekten im Ausmaß der kinetischen Energie anzeigt, die von einer geeeigneten Kraft ausgelöst wird, so meint auch Trait-Angst Unterschiede zwischen Personen in ihrer Bereitschaft, auf Streß mit verschieden intensiven Zustandsängsten zu reagieren. Man erwartet allgemein, daß Personen mit hoher Trait-Angst häufiger mit State-Angst offen reagieren als solche mit geringer Angstneigung, weil sie einen größeren Bereich ihrer Umwelt als gefährlich oder bedrohend erleben. Das gilt für leistungsfordernde Situationen ebenso wie für sozialen Streß, z. B. dann, wenn der individuelle Status oder das Selbstkonzept in Frage gestellt zu werden scheinen (nach SPIELBERGER u. a. 1970).
Über die Angst als wissenschaftliches Konstrukt besteht keine Einig-

keit. Die theoretischen Ansätze, von denen hier einige skizzenhaft referiert wurden, sind vielfältig und divergent. Allgemein gilt, daß Personen in unterschiedlicher Weise Situationen als bedrohlich erleben und darauf mit Angst reagieren, d. h. sich unwohl und gespannt fühlen, was mit physiologischen Begleiterscheinungen verbunden ist. Soweit entspricht diese Allgemeingültigkeit auch dem Alltagsverständnis von Angst. Darüber hinaus haben die verschiedenen theoretischen Richtungen in der Forschungspraxis vergleichbare Ergebnisse erbracht, die allerdings jeweils verschieden erklärt werden. Unbestritten ist z. B. der Einfluß von Angst auf schulisches Lernen. Die Wirkungsweise und die Bedingungskomponenten der gefundenen Effekte von Leistungsangst auf den Lernerfolg sind jedoch umstritten und werden unterschiedlich interpretiert.

2. Instrumente zur Erfassung von Angst in der Schule

a) Übersicht über verschiedene instrumentelle Versionen

Als körperlich wahrnehmbare Manifestationen von Angst gelten Herzklopfen, Zittern, feuchte Hände, Atembeschleunigung, verstärkte Muskelspannung usw. Es handelt sich hier um physiologische Korrelate, für deren Erfassung verschiedene Instrumente zur Verfügung stehen. Als *Registriertechniken für psychophysiologische Reaktionen* werden vor allem die psychogalvanische Reflexmessung (PGR), die Elektromyographie (EMG), die Aktographie (AG), die Elektroencephalographie (EEG) und die Elektrokardiographie (EKG) verwendet. Der wesentliche Nachteil dieser Registriertechniken liegt im Unvermögen, die Affektzustände nach ihren Ursachen zu differenzieren. Psychophysiologische Reaktionen, die bei Angst auftreten, können ebenso bei Freude, Schreck, Wut oder Streß auftreten. Hinzu kommen die intra- und interindividuellen Unterschiede der Affektausprägung, die eine adäquate Diagnose beeinträchtigen. Die psychophysiologischen Registriertechniken haben also nur einen begrenzten Wert für die Erfassung von Angst, insbesondere von Angst in der Schule (vgl. dazu FAHRENBERG 1967).

Ein anderer Weg zur Messung von Angst ist die Verwendung *projektiver Tests*. Die Versagensangst in Leistungssituationen entspricht etwa einer „Furcht vor Mißerfolg (FM)" i. S. von HECKHAUSEN, der ein thematisches Apperzeptionsverfahren zur Messung von Hoffnung auf Erfolg und Furcht vor Mißerfolg entwickelt hat (s. o.). Dabei sollen die Vpn. wie in den üblichen TAT-Situationen Geschichten erfinden, die auf eine Abbildung zutreffen könnten, wie z. B. auf ein Bild mit folgendem Inhalt: ,,Lehrer – aufs Pult gelehnt – betrachtet einen vor der Wandtafel stehenden Schüler, der offenbar mit einer dort angeschriebenen Aufgabe nicht recht weiterkommt" (vgl. GÄRTNER-HARNACH 1972, S. 51).

Untersuchungen mit diesen und anderen projektiven Verfahren haben zu uneinheitlichen Ergebnissen in der Angstforschung geführt. Jedoch haben sie sich in der Leistungsmotivationsforschung als bisher optimal erwiesen (vgl. HÖRMANN 1964; VONTOBEL 1970; MEYER 1973). Daher besteht die begründete Hoffnung, in Zukunft damit die Leistungsangst als Motiv (s. o.) besser erfassen zu können, nachdem die psychometrischen Grundlagen neu überdacht worden sind (vgl. dazu die Analyse des RORSCHACH mit Hilfe des RASCH-Modells bei FISCHER/SPADA 1973).

Als Instrumente zur Messung akuter Leistungsangst diskutiert GÄRTNER-HARNACH (S. 57 ff.) außer den physiologischen Messungen das ,,Testverhaltensdifferential" von ERTEL/SCHINDLER (1969), die ,,Affect Adjective Check List for the measurement of anxiety" (AACL) von ZUCKERMAN (1966) und das ,,Anxiety Differential" (AD) von ALEXANDER/HUSEK (1962). Diese Instrumente beruhen auf der direkten Selbsteinschätzung der Probanden hinsichtlich ihrer erlebten Ängstlichkeit mit Hilfe von Eigenschaftswörtern, die als Liste oder als Ankerreize einer bipolaren Skala vorgegeben werden. Die Erfahrungen mit diesen Instrumenten sind entweder tendenziell unbefriedigend oder noch zu unvollkommen, um eine abschließende Beurteilung zu erlauben.

b) Fragebogen zur Erfassung allgemeiner Angst

Als psychometrisches Standardverfahren in der Angstforschung gilt der Fragebogen für die direkte oder indirekte Selbsteinschätzung. Im folgenden soll eine kurzer Überblick über die am häufigsten verwendeten Fragebogen, die nicht speziell Schul- und Leistungsangst erfassen, gegeben werden. Es handelt sich um die ,,Manifest Anxiety Scale" (und ihre Kinderfassung), das ,,State-trait anxiety inventory" und den ,,Kinder-Angst-Test".

Die ,,Manifest Anxiety Scale" (MAS) von TAYLOR (1953) beruht auf der Drive-Theorie von SPENCE (s. o.) und kann entsprechend auch als ein Verfahren zur Erfassung von ,,Drive" verwendet werden. Ihre 50 Items stellen eine Auswahl aus dem ,,Minnesota Multiphasic Personality Inventory" (MMPI) dar – einem populären Verfahren zur Aufdeckung psychopathologischer Tendenzen. Typische MAS-Statements sind z. B. (nach LEVITT 1967, dt. 1971, S. 58):

Ich mache mir häufig über etwas Sorgen.	Richtig	Falsch
Ich bin gewöhnlich ruhig und rege mich nicht leicht auf.	Richtig	Falsch

Die Verwendung von Wörtern wie ,,häufig", ,,gewöhnlich", ,,oft", ,,meistens" usw. läßt schon erkennen, daß die MAS die Angstneigung als überdauerndes Persönlichkeitsmerkmal (trait) erfassen soll.

Entsprechend der Drive-Theorie der IOWA-Schule soll der Einfluß der Angst auf Lernleistungen mit der Habit-Stärke verknüpft sein. Zusammenhänge zwischen Konditionierungserfolg und extremen MAS-Werten konnten wiederholt gefunden werden (vgl. SPENCE/TAYLOR 1951, dt. 1971, S. 80ff.; TAYLOR 1951, dt. 1971, S. 64ff.).

Die ,,Children's Manifest Anxiety Scale" (CMAS) von CASTANEDA/MCCANDLESS/PALERMO (1956) stellt eine Übertragung der MAS-Items in eine Kinderform, die aus 42 Items besteht, dar und soll der MAS entsprechend den ,,Drive" bei Kindern erfassen. Die MAS und die CMAS haben besonders große Verbreitung gefunden und sind in einer Vielzahl von Untersuchungen verwendet worden.

Auch die YALE-Schule, die sich sonst primär mit Leistungsangst beschäftigt, hat ein Instrument für die allgemeine Angstneigung entwickelt: die ,,General Anxiety Scale for Children" (GASC) von SARASON u. a. (1960, dt. 1971), die sich prinzipiell aber nicht von der CMAS unterscheidet.

Seitens der faktorenanalytischen Angstforschung (s. o.) wurden zur Erfassung der manifesten Angst folgende Instrumente vorgelegt:

The IPAT Anxiety Scale (Q-Form)
Objective-Analytic (O-A) Anxiety Battery
IPAT 8-Parallel-Form Anxiety Battery.

Diese Entwicklungen von CATTELL und Mitarbeitern sollen Trait-Angst messen. Von den 10 Untertests der O-A-Battery sind zwei jedoch psychophysiologische Tests, mit denen State-Angst erfaßt wird (vgl. CATTELL/SCHEIER 1960; FAHRENBERG 1964, S. 502 f.). Deutsche Bearbeitungen sind mitgeteilt worden von BEYME/FAHRENBERG (1968).

Fast alle bisher genannten Instrumente erfassen Angst als ein überdauerndes Persönlichkeitsmerkmal (trait anxiety), während die Zustandsangst (state anxiety) nicht explizit erfaßt wird bzw. je nach intraindividueller Variation implizit in das Maß für Angstneigung mit eingeht. Der Unterscheidung von State und Trait i. S. CATTELLS folgend entwickelte SPIELBERGER (1966 c) eine Theorie der State-Trait-Angst.

State Anxiety (A-state) ist dabei definiert als ein vorübergehender Affektzustand, der durch das bewußte Erleben von Spannungsgefühlen und erhöhter Aktivität des vegetativen Nervensystems charakterisiert ist. Trait Anxiety (A-trait) dagegen bezieht sich auf relativ überdauernde interindividuelle Unterschiede der Angstneigung, also der Tendenz, auf bedrohlich empfundene Situationen regelmäßig mit erhöhter Zustandsangst zu reagieren. Es läßt sich annehmen, daß Individuen mit hoher Angstneigung (A-trait) häufiger Zustandsangst (A-state) zeigen als solche mit niedriger Angstneigung, weil sie mehr Situationen als bedrohlich und angstauslösend wahrnehmen (nach SPIELBERGER/GORSUCH/LUSHENE 1970, S. 3).

Das State-trait-Angst-Konzept scheint auch für schulbezogene Situationen bedeutsam zu sein. Wahrscheinlich sind einige Kinder bei vielen Gelegenheiten ängstlich, während andere nur in ganz spezifischen Situationen Zustandsangst zeigen. Auch könnte ein Schüler mit generell hoher Angstneigung diese in manchen Lernsituationen in hohe Zustandsangst umsetzen und in anderen nicht. Demnach lieferte eine Unterscheidung von Schülern auf der Basis eines Trait-Anxiety-Instruments (z. B. CMAS) allein nur eine begrenzte Prognose für das Auftreten von Zustandsangst in bestimmten Schulsituationen (nach GAUDRY/-SPIELBERGER 1971, S. 15). Entsprechend der State-Trait-Angst-Theorie wurde von SPIELBERGER u. a. (1970) ein Instrument entwickelt, das dieser Unterscheidung psychometrisch gerecht werden sollte: das ,,State-trait-anxiety inventory" (STAI). Das STAI besteht aus zwei 20-Items-Skalen zur vierstufigen Selbsteinschätzung, eine für A-trait und eine für A-state (deutsche Übersetzung des Verf. im Anhang). Die A-trait-Skala enthält Statements bezüglich des *allgemeinen* Befindens, z. B.: ,,Ich bin häufig über Dinge beunruhigt, die in Wirklichkeit unwichtig sind", ,,Ich glaube, daß sich Schwierigkeiten aufbauen, die ich nicht überwinden kann", usw. Die A-State-Skala enthält Statements des *augenblicklichen* Befindens, z. B.: ,,Ich fühle mich angespannt", ,,Ich bin übernervös und durcheinander", usw. Über das STAI schreibt LE-VITT (1967, dt. 1971, S. 63):

> ,,Das STAI ist sowohl vom theoretischen als auch vom methodologischen Standpunkt aus unter den in diesem Kapitel beschriebenen Testverfahren das am sorgfältigsten entwickelte. Der von SPIELBERGER und GORSUCH 1966 beschriebene Testaufbau ist äußerst raffiniert und rigoros."

Für die beiden IOWA-Verfahren liegen schon seit einiger Zeit deutsche Bearbeitungen vor. Eine Adaptation der MAS stellt die ,,Saarbrücker Liste" (SL) dar (SPREEN 1961). SPREEN verwendete für die Konstruktion eine Kurzform der MAS und einige Items aus Angstskalen von WELSH und CATTELL. Die SL besteht aus 95 Items, davon 60 Angstitems (A-Skala), 14 Lügenitems (L-Skala) und 25 Korrekturitems (K-Skala). Letztere dient zur eventuellen Korrektur einer systematischen Verfälschungstendenz. Interessant ist, daß keine Alters- und Geschlechtsdifferenzen für die A-Skala gefunden wurden.

Zur Erfassung von manifester Angst für schulbezogene Fragestellungen gibt es den ,,Kinder-Angst-Test" (KAT) von THURNER/TEWES (1969), der Kindern im Alter von 9 bis 16 Jahren vorgegeben werden kann. Der KAT beruht auf der bewährten CMAS von CASTANEDA u. a. (1956) und damit auch auf den theoretischen Annahmen von SPENCE und TAYLOR. Die Autoren übersetzten die 42 CMAS-Items und entwickelten dazu eine Sammlung ähnlicher Feststellungen, die alle mit JA oder NEIN zu beantworten waren. Nach diversen Itemanalysen verblieben 19 Items, die etwa zur Hälfte aus CMAS-Übersetzungen bestehen. Für die Reliabilität werden Koeffizienten von $r_{tt} = .79$ (KR 20; N = 135) und $r_{tt} = .56$ bis .81 (Retest) genannt. Zur Konstruktvalidierung trägt die Korrelation mit dem HANES-Neurotizismuswert von $r = .67$ bei. Kritische Anmerkungen zum KAT machte HÖGER (1970). Neuerdings liegt als ein weiterer deutscher Fragebogen zur manifesten Angst die MA-Skala des AFS von WIECZERKOWSKI u. a. (1974) vor (s. u.).

c) *Fragebogen zur Erfassung von Schul- und Leistungsangst*

Im folgenden soll ein kurzer Überblick über die am häufigsten verwendeten amerikanischen Fragebogen zur Erfassung von Schul- und Lei-

stungsangst und deren neue deutschsprachige Varianten gegeben werden. Es handelt sich dabei um den ,,Test Anxiety Questionnaire", die ,,Test Anxiety Scale for Children", den ,,Achievement Anxiety Test", die beiden ,,Fragebogen für Schüler" und den ,,Angstfragebogen für Schüler".
Die ersten beiden Verfahren stammen aus der psychoanalytisch orientierten YALE-Gruppe (s. o.) und wurden vor allem für die Erforschung der Zusammenhänge zwischen Angstreaktionen und intellektuellen Leistungen verwendet. Der *,,Test Anxiety Questionnaire"* (TAQ) von MANDLER/SARASON (1952) bestand zunächst aus 42 Angstfragen und 25 Lügenitems zur Verschleierung des Untersuchungszwecks. Die Probanden reagierten darauf mit Hilfe einer 15 cm langen graphischen Skala, deren Mittel- und Endpunkte markiert waren.

Beispiel:
,,Wie groß ist Ihre Angst vor einem Examen?"

|———————————————|———————————————|———————————————|

große Angst   Mitte   überhaupt keine Angst

Für jedes Item wurden der Median und die Rohwertverteilung ermittelt. Im zweiten Auswertungsdurchgang wurden die individuellen Rohwerte pro Item kodiert (1 = oberhalb des Medians, 0 = unterhalb). Die Summe dieser Rohwerte galt als der Personenwert, der die Angstausprägung kennzeichnen sollte. Die referierten Testgütekriterien sind zufriedenstellend.
Eine ähnliche Variante des TAQ für die Verwendung in der High School ist die *,,Test Anxiety Scale"* (TAS), die von MANDLER/COWEN (1958) vorgelegt wurde (für nähere Angaben vgl. GÄRTNER-HARNACH 1972a, S. 24ff.).
Die YALE-Gruppe wandte ihr Interesse bald von dem TAQ ab und begann, Ängstlichkeitsreaktionen besonders in schulischen Prüfungssituationen zu erforschen. Als eine TAQ-Variante für Kinder wurde die *,,Test Anxiety Scale for Children"* (TASC) entwickelt (SARASON u. a. 1958) und im Rahmen eines größeren Forschungsprojekts intensiv verwendet (SARASON u. a. 1960, dt. 1971). Die TASC besteht aus 30 Items folgender Art:

24. Wenn du geprüft wirst, zittert dann deine Hand ein wenig, mit der du schreibst?
26. Wenn du eine schwere Prüfung mitmachst, vergißt du dann manche Dinge, die du vor der Prüfung sehr gut gewußt hast?
29. Denkst du gewöhnlich während einer Prüfung, du würdest schlecht abschneiden?

Anstelle graphischer Skalen werden jetzt Ja-Nein-Antworten gegeben, die einseitig nach JA verschlüsselt sind, um das Verfahren auch bei sehr jungen Kindern anwenden zu können. Allerdings ist es problematisch, wenn nur die JA-Antworten als Angstindikatoren gewertet werden, weil der Schüler leicht den Testzweck durchschaut und sich durch Dissimulation zur Wehr setzen kann (Defensivität). Daher entwickelte die YALE-Gruppe (RUEBUSH 1960) als Zusatzinstrument die ,,Defensiveness Scale for Children" (DSC), die außerdem noch durch Lügenitems ergänzt werden kann. Die referierten Testgütekriterien für die TASC können als zufriedenstellend angesehen werden. Die faktorielle Struktur ergab aufgrund einer Untersuchung von DUNN (1964) folgende vier Dimensionen:

I Prüfungsangst (test anxiety)
II Allgemeine Schulangst (generalized school anxiety)
III Angst vor öffentlichem Auftreten (recitation anxiety)
IV Physiologische Angstreaktionen (physiological arousal).
(Vgl. dazu GÄRTNER-HARNACH 1972a, S. 27–30, 34, 43.)

Ein weiteres Verfahren zur Erfassung von Angst in leistungsfordernden Situationen, das hier nur erwähnt werden soll, ist das ,,*Audience Sensitivity Inventory*" (ASI) von PAIVIO/LAMBERT (1959) und die Kinderfassung CASI von PAIVIO u. a. (1961). Die Dimensionen ,,Exhibitionismus", ,,Befangenheit" und ,,Lampenfieber" sollen damit gemessen werden (vgl. GÄRTNER-HARNACH 1972a, S. 35f.).

Obwohl die YALE-Gruppe sowohl einen leistungsmindernden als auch einen leistungsfördernden Effekt der Angst in intellektuellen Anforderungssituationen angenommen hatte, sind ihre Instrumente (TAQ, TAS, GASC, TASC) lediglich im Hinblick auf den leistungsmindernden Aspekt konzipiert worden. Dagegen versuchten ALPERT/HABER (1960) mit ihrem ,,*Achievement Anxiety Test*" (AAT) beide Aspekte getrennt zu erfassen. Der AAT besteht aus einer 9-Item ,,facilitating scale" (AAT+) und einer 10-Item ,,debilitating scale" (AAT−), die beide vermischt und mit Pufferitems aufgefüllt vorgegeben werden, wobei die Reaktionen auf einer fünfstufigen Skala erfolgen.

Beispiel für AAT+:
,,Unter Angst leiste ich mehr in Examina und Tests."
1   2   3   4   5

Beispiel für AAT−:
,,In einem Kurs, in dem ich schwach gewesen bin, bringe ich vor lauter Angst vor Zensuren nichts mehr zustande."
1   2   3   4   5

Eine entsprechende Kinderform ,,Achievement Anxiety Scale for Children" (AASC) wurde von STANFORD u. a. (1963) entwickelt.

Trotz insgesamt befriedigender Gütekriterien wurde das primäre Ziel der Unabhängigkeit beider Skalen (AAT+ und AAT−) nicht erreicht: in keiner Untersuchung ließ sich die gewünschte Orthogonalität nachweisen (vgl. GÄRTNER-HARNACH 1972a, S. 30ff.).

Im Rahmen von Forschungsaktivitäten im deutschsprachigen Bereich wurden meistens ad-hoc-Übersetzungen amerikanischer Leistungsangstskalen verwendet. Die Veröffentlichung von eigens entwickelten Verfahren begann erst 1972 mit dem ,,*Fragebogen für Schüler*" (FS 11–13), dem 1973 der FS 5–10 (beide von GÄRTNER-HARNACH) und 1974 der ,,*Angstfragebogen für Schüler*" (AFS) von WIECZERKOWSKI u. a. folgten.

Der Entwicklung des FS 11–13 wurden zunächst u. a. TASC-Fragen zugrunde gelegt. Die Fragen wurden durch Feststellungen ersetzt und die Reaktion zweiseitig verschlüsselt, um die Bejahungstendenz als Antwortstereotyp zu vermeiden. Der Fragebogen besteht aus 39 Angst-Items und 8 Füll-Items.

Beispiel:
26. Ich fürchte, daß ich im Abitur vor lauter Nervosität selbst einfachere Fragen nicht so gut beantworten kann wie sonst.

Die angegebenen Konsistenzkoeffizienten schwanken zwischen r_{tt} = .88 und .91, als Retest-Reliabilitätskoeffizient wird r_{tt} = .80 genannt. Eine Reihe von Beiträgen zur Konstruktvalidierung liegt vor. Eine Dimensionsanalyse ergab fünf Faktoren, die – bis auf den zusätzlichen Faktor II – den vier Faktoren entsprechen, die DUNN (1974) für die TASC ermittelt hatte:

I Aufregung und Angst beim Auftreten vor Klasse und Lehrer (Lampenfieber)
II Angst vor der Abschlußprüfung (Abitur)
III Prüfungsangst und Schulsorgen allgemeinerer Art
IV Leistungsbehindernde Aufregung und Nervosität bei Prüfungen
V Vegetative Beeinträchtigung durch Prüfungen
(Vgl. GÄRTNER-HARNACH 1972 b.)

Während der FS 11–13 in der Oberstufe des Gymnasiums (Studienstufe) eingesetzt werden soll, ist der *FS 5–10* für die Sekundarstufe I konzipiert. Die Entwicklung erfolgte analog dem FS 11–13. Die Frageform der ursprünglichen TASC-Version wurde beibehalten. Von den 35 Fragen sind zwei nach NEIN verschlüsselt.

Beispiele:
36. Stimmt es, daß du bei einer Prüfung nicht aufgeregt bist? JA NEIN
37. Hast du Angst, Fehler zu machen, wenn du vom Lehrer
aufgerufen wirst? JA NEIN

Die Halbierungszuverlässigkeit wird mit $r_{tt} = .88$ angegeben, verschiedene Beiträge zur Konstruktvalidierung werden referiert. Die Faktorenstruktur hat sich als geschlechtsspezifisch herausgestellt:

Jungen	*Mädchen*
I Aufregung und Angst beim Auftreten vor Klasse und Lehrer (Lampenfieber)	Aufregung beim Auftreten vor dem Lehrer
II Prüfungsangst	Prüfungsangst
III Schulsorgen	Angst vor der Schule
IV Leistungsbehindernde Aufregung und Nervosität	Vegetative Beeinträchtigung beim Auftreten vor Klasse und Lehrer
V Vegetative Beeinträchtigung durch Prüfungen	Schulsorgen

(Vgl. GÄRTNER-HARNACH 1973.)

Der *AFS* von WIECZERKOWSKI u. a. (1974) ist ein mehrfaktorieller Fragebogen, der vom 3. bis zum 10. Schuljahr (also von 9 bis 16 Jahren) einsetzbar ist. Er liefert Werte für die Variablen
Prüfungsangst (PA) : 15 Items
Allgemeine (manifeste) Angst (MA) : 15 Items
Schulunlust (SU) : 10 Items
Soziale Erwünschtheit (SE) : 10 Items

„Die Skala *Prüfungsangst* beschreibt Gefühle der Unzulänglichkeit und Hilflosigkeit in schulischen Prüfungssituationen sowie Ängste vor einem Leistungsversagen, die vielfach mit vegetativen Reaktionen verbunden sind.

Die Skala *Manifeste Angst* enthält Items, die auf allgemeine Angstsymptome wie Herzklopfen, Nervosität, Einschlaf- und Konzentrationsstörungen sowie auf Furchtsamkeit und ein reduziertes Selbstvertrauen eingehen.

Die Skala *Schulunlust* erfaßt die innere Abwehr von Kindern und Jugendlichen gegen die Schule und einen durch unlustvolle Erfahrungen bewirkten Motivationsabfall gegenüber unterrichtlichen Gegenständen.

Die Skala *Soziale Erwünschtheit* kann interpretiert werden als Ängstlichkeit, von der erwünschten sozialen Norm abzuweichen. Zugleich gibt sich jedoch in einer erhöhten Tendenz, sich im Sinne der sozialen Erwünschtheit darzustellen, vielfach eine Neigung zur *Verstellung* zu erkennen. In solchen Fällen ist zu vermuten, daß die Ängstlichkeitswerte in den übrigen drei Skalen in der Regel tatsächlich deutlich höher liegen, als durch den Test ermittelt wurde" (WIECZERKOWSKI u. a. 1974, S. 20).

Die in unserem Zusammenhang nur interessierende Skala PA beruht im wesentlichen auf TASC-Items und ist faktoriell von den Skalen MA und SU deutlich getrennt. Als Reliabilitätsschätzungen werden Konsistenzkoeffizienten zwischen $r_{tt} = .77$ und $.85$ und Retest-Koeffizienten zwischen $r_{tt} = .74$ und $.77$ angegeben. Im Rahmen der Validitätsuntersuchungen wurde ein Korrelationskoeffizient von $r_{tc} = .37$ zwischen der Skala PA und der Neurotizismus-Skala der HANES sowie ein $r_{tc} = .53$ zwischen PA und KAT ermittelt.

Als weiteres Instrument ist eine deutsche Version der *TASC* von NICKEL/SCHLÜTER (1970) und NICKEL/SCHLÜTER/FENNER (1973) sorgfältig untersucht worden. Diese Version – auf die weiter unten näher eingegangen wird – wurde der folgenden empirischen Arbeit zugrunde gelegt. (Zur Zeit der Durchführung der Untersuchung waren die Instrumente FS 5–10 und AFS noch nicht publiziert.)

II. Forschungsbefunde über Leistungsangst in der Schule

Da für die im folgenden wiederzugebende Untersuchung die TASC als Instrument zugrunde gelegt wird, sollen die wichtigsten bisher bekannten Ergebnisse kurz referiert werden. Die Darstellung wird gegliedert nach

instrumentellen Eigenschaften,
elementarstatistischen Kennwerten und Populationsdifferenzen,
Beziehungen zur Intelligenz,
Beziehungen zur Schulleistung,
Wechselwirkungen.

Mit *instrumentellen Eigenschaften* sind hier im wesentlichen die psychometrischen Gütekriterien der klassischen Testtheorie wie Reliabilität und Validität gemeint. Die Angaben zur inneren Konsistenz der TASC sind in fast allen Veröffentlichungen relativ einheitlich. In den amerikanischen Untersuchungen liegen die Koeffizienten meistens zwischen r_{tt} =.80 und .90 (nach GÄRTNER-HARNACH 1972a, S. 28). SCHELL (1972, S. 84) referiert einen mittleren Retest-Koeffizienten von r_{tt} =.71 und altersspezifische Split-Half-Koeffizienten von r_{tt} =.82, .88 und .89. Für die von ihm benutzte deutsche Übersetzung ermittelte er eine Halbierungszuverlässigkeit von r_{tt} =.81 (bei N= 303), die er als „bereits zweifelhaft" beurteilt (ebda., S. 93). NICKEL/SCHLÜTER (1970, S. 126) berechneten für ihre Übersetzung der TASC eine innere Konsistenz von r_{tt} =.93 (nach KR 8) und Retest-Reliabilitäten nach zwei Monaten zwischen r_{tt} =.67 und .81 bei 567 Schüler(innen) des 6. und 8. Schuljahrs. NICKEL u. a. (1973, S. 3) fanden bei 842 Jungen und

Mädchen im 5., 7. und 9. Schuljahr der drei Schularten Koeffizienten von r_{tt} =.94 (KR 8), r_{tt} =.91 (Split-Half mit Spearman-Brown-Korrektur) und r_{tt} =.76 (Retest). Als mittlere Itemparameter geben sie $\bar{P}$ =.44 (P =.17 bis P =.78) und $\bar{r}_{it}$ =.51 (r_{it} =.29 bis r_{it} =.64) an.
Hinsichtlich der Zuverlässigkeit scheint daher die von NICKEL u. a. verwendete Version am ehesten brauchbar zu sein.
Die Untersuchungen der Gültigkeit der TASC als eines Verfahrens zur Messung von Leistungsangst (bzw. „test anxiety") lassen sich dem Konzept der Konstruktvalidierung zuordnen. Dazu gehört auch die Analyse der Beziehungen der TASC zur Intelligenz und Schulleistung sowie etwaiger Wechselwirkungen, die aber wegen ihrer besonderen Bedeutung separat dargestellt werden (s. u.). Neben einer Vielzahl von Beiträgen zur Konstruktvalidierung im anglo-amerikanischen Bereich (vgl. SARASON u. a. 1971), zu denen auch kulturvergleichende Studien (vgl. a. a. O., S. 181; SARNOFF u. a. 1958) und Schulsystem-Analysen zählen (vgl. COX 1962; COX/HAMMOND 1971), liegen auch wenige Untersuchungen mit deutschen Versionen vor. SCHELL (1972, S. 94) interpretiert die Korrelation zwischen TASC und GASC von r = .58 als einen „Anhaltspunkt für eine befriedigende Höhe der Gültigkeit beider Skalen". Entsprechend ermittelten NICKEL/SCHLÜTER (1970, S. 126) Korrelationen von r = .56 bis r = .77 zwischen der TASC und der CMAS. Diese Koeffizienten sind übereinstimmend mit der theoretischen Annahme der YALE-Gruppe, die leistungsängstlichen Kindern ein generell erhöhtes Angstniveau zuschreibt. NICKEL/SCHLÜTER verwenden zusätzlich die Angstbeurteilung durch den Lehrer als Außenkriterium (S. 129). Vor allem für die Mädchen des 6. Schuljahrs wurden statistisch signifikante, aber niedrige Korrelationskoeffizienten gefunden. Kritisch merken sie jedoch an, „daß das Lehrerurteil offensichtlich für Angstskalen als Gültigkeitskriterium relativ ungeeignet ist" (S. 134). Als weiterer Beitrag zur Konstruktvalidität läßt sich eine nach Geschlechtern getrennte gemeinsame Faktorenanalyse von CMAS und TASC anführen, bei der sich die TASC als eindeutig herauskristallisiert: sie liefert die meisten Referenzitems für die Dimensionen

a) Angst (in der Schule) zu versagen und
b) Angst vor schulischer Leistungsprüfung (NICKEL u. a. 1973, S. 3).

Die Berechnung der *elementarstatistischen Kennwerte* hat wohl in jeder Untersuchung vor allem Geschlechtsunterschiede deutlich gemacht (vgl. SARASON u. a. 1971, S. 287-300). Die Mittelwertdifferenzen fallen so aus, daß Mädchen grundsätzlich signifikant höhere Angstwerte erhalten, d. h. sich selbst als ängstlicher einschätzen, als es Jungen tun. Auch SCHELL erhält bei seiner 35-Item-Version (!) für die (im Mittel 11;6 Jahre alten) Jungen $\overline{X} = 15.3$ und für die Mädchen $X = 17.7$ (S. 91). NICKEL/SCHLÜTER (1970, S. 128) geben folgende Kennwerte an:

Tabelle 1: Unterschiede im Alter und Geschlecht

Schuljahr	Geschlecht	N	$\overline{X}$	s
6.	Jungen	144	10.33	6.77
	Mädchen	115	14.16	7.30
8.	Jungen	153	9.71	5.82
	Mädchen	155	12.36	5.30

Varianzanalytisch ergaben sich für Alter und Geschlecht signifikante Haupteffekte.

In der weiterführenden Untersuchung von NICKEL u. a. (1973, S. 5) werden die Kennwerte nach Schulart, Schuljahr und Geschlecht getrennt dargestellt. Für alle drei Faktoren ergaben sich varianzanalytisch sehr signifikante Haupteffekte (Tabelle 2).

Die immer wieder auftretenden Geschlechtsunterschiede sind mehrfach ausführlich diskutiert worden. Die Interpretationen gehen dahin, daß nicht die Mädchen tatsächlich ängstlicher sind, sondern daß ,,es für Mädchen leichter ist als für Jungen, Angst einzugestehen. Anders ausgedrückt: der Unterschied in Angstwerten gibt weniger einen wirklichen Unterschied zwischen Jungen und Mädchen wieder als einen Unterschied in der Einstellung gegenüber dem Eingeständnis von Angst" (SARASON u. a. 1971, S. 290). NICKEL u. a. argumentieren entsprechend, indem sie die Auffassung vertreten, ,,daß sich darin kulturbedingte Unterschiede des Geschlechterstereotyps ausdrücken. Mädchen wird durch solche in der Erziehung wirksame Faktoren eine größere Emotionalität und weniger Selbstbeherrschung zugeschrieben, sie erleiden im Unterschied zu Jungen ferner keine Einbuße an Ansehen, wenn sie Angst eingestehen" (S. 8).

Die *Beziehungen zwischen der TASC und Intelligenzwerten* wurden meist unter der Prämisse erforscht, daß Angst leistungserschwerend wirksam sei. Der leistungsfördernde Aspekt der Angst dagegen wurde

Tabelle 2: Unterschiede in den Schularten

Schul-jahr		Hauptschüler Jungen	Hauptschüler Mädchen	Realschüler Jungen	Realschüler Mädchen	Oberschüler Jungen	Oberschüler Mädchen
5.	N	79	67	54	41	34	24
	$\overline{X}$	14.57	17.61	19.89	14.27	10.5	10.54
	s	8.18	8.12	7.23	8.31	6.15	6.07
7.	N	71	68	37	58	37	21
	$\overline{X}$	12.83	16.29	13.27	15.53	10.92	13.00
	s	6.49	7.50	7.49	5.23	5.64	6.72
9.	N	66	48	48	43	33	13
	$\overline{X}$	9.11	10.98	8.92	11.95	10.58	9.77
	s	5.25	5.85	5.82	5.16	4.75	5.35
Summe N_i		216	183	139	142	104	58

$N_{Total} = 842$

meist mit speziell dafür entwickelten Skalen wie z. B. der ,,Facilitating Scale" (AAT+) von ALPERT/HABER (s. o.) untersucht. Dementsprechend erwartet man tendenziell negative Korrelationen zwischen der TASC und den Intelligenzmaßen: je größer die Angst, desto geringer die Intelligenzleistung. Für verschiedene Stichproben geben SARASON u. a. an (S. 156):

Tabelle 3: Korrelationen zwischen Angst und Intelligenz

Klasse 3	Klasse 4	Klasse 5	Klasse 6
N = 383	N = 355	N = 358	N = 325
−.25	−.23	−.24	−.30

Zu ähnlichen Ergebnissen kommt SCHELL (S. 97) bei der Korrelation mit dem PSB von HORN (1969). Die Koeffizienten sind aber vermutlich dadurch reduziert, daß er als Angstvariable den Summenwert von TASC und GASC verwendet hat. Damit scheiden diese Angaben auch für den Vergleich mit unserer Untersuchung aus (Tabelle 4).
NICKEL u. a. verwendeten die LPS-Subtests von HORN (1962) als Intelligenzmaße und korrelierten sie mit der CMAS und der TASC.

Tabelle 4: Korrelationen zwischen Angst und verschiedenen Intelligenzvariablen

PSB	1+2	−.12
	3	−.20
	4	−.07
	3+4	−.16
	5	−.06
	6	−.13
	5+6	−.11
	7	−.08
	8	−.15
	7+8	−.10
	9	−.02
	10	+.05
	9+10	.00
	Gesamt	−.13

„Das Ausmaß der auf der CMAS erreichten Punktwerte scheint in keinerlei Zusammenhang mit den Intelligenzwerten zu stehen. Dagegen ergibt sich zwischen schulischer Leistungs- und Prüfungsangst, wie sie die TASC erfaßt, und der Intelligenztestleistung durchweg eine negative Beziehung. Allerdings sind auch hier selbst statistisch signifikante Zusammenhänge in den meisten Teilgruppen nur schwach ausgeprägt ($r = .20$ bis $.30$); sie lassen sich ferner bei Haupt- und Realschülern häufiger aufzeigen als bei Oberschülern, und zwar vor allem bei Mädchen im 7. und bei Jungen im 9. Schuljahr" (S. 5).

Dieser Sachverhalt kann übrigens als Beitrag zur Konstruktvalidierung angesehen werden. Aufgrund der von verschiedenen Seiten übereinstimmend berichteten negativen Korrelationskoeffizienten zwischen Intelligenz und Leistungsangst stellt sich die Frage, ob entsprechend der SARASONschen Theorie die Angst leistungshemmend wirkt oder ob nicht vielleicht intellektuelle Minderleistungen zu erhöhter Leistungsangst führen, denn die Koeffizienten selbst können darüber ja keine Auskunft geben. Zur Stützung ihrer These, daß Angst der verursachende Faktor der negativen Korrelation ist, führen SARASON u. a. (S. 171–176) drei Studien an, die allerdings – jeweils für sich genommen – nicht unbedingt beweiskräftig sind:

a) Sie fanden heraus, daß bei Verwendung verschiedener Intelligenztests diejenigen höher mit der TASC korrelierten, die prüfungsähnliche Merkmale aufweisen.

b) Weiterhin wurde ermittelt, daß verschieden ängstliche Kinder gleicher Intelligenz unterschiedlich erfolgreich bestimmte Lernaufgaben lösten. Diese Lernerfolgsdifferenzen wurden als durch das Angstniveau verursachend interpretiert.
c) Schließlich war innerhalb einer Gruppe von Hochintelligenten trotz der bei Varianzminderung zu erwartenden Reduktion der Korrelation immer noch ein Koeffizient von $r = -.21$ erhältlich.

Das Kausalitätsproblem ist durch diese Angaben sicher nicht gelöst. Es könnte ja auch eine sich im Laufe der kindlichen Entwicklung verstärkende Interdependenz beider Variablen angenommen werden. Ergänzend sei mitgeteilt, daß neben den einfachen auch multiple Korrelationskoeffizienten im Rahmen multipler Regressionsanalysen mit der TASC als Kriterium vorliegen, in denen die sieben ,,Primary Mental Abilities" als Prädiktoren verwendet werden. Die Koeffizienten schwanken je nach Stichprobenumfang zwischen $R = .24$ und $R = .41$; die Beta-Gewichte variieren hinsichtlich Geschlecht und Alter. Für die Jungen ist eine bessere Vorhersage möglich als für Mädchen (SARASON u.a., S. 361).

Für die Erforschung der *Beziehungen zwischen der TASC und den Schulleistungen* werden ähnliche Annahmen wie für die Intelligenzleistungen gemacht. Hohe TASC-Werte gelten als Indikatoren für Angst als schulleistungshemmende Disposition. Für die folgenden Korrelationskoeffizienten zwischen der TASC und der durchschnittlichen Leistung wurden Schultests zugrundegelegt (SARASON u.a., S. 156):

Tabelle 5: Korrelationen zwischen Angst und Schulleistungen

Klasse 3	Klasse 4	Klasse 5	Klasse 6
$N = 383$	$N = 355$	$N = 358$	$N = 325$
$-.20$	$-.24$	$-.17$	$-.31$

LUNNEBORG (1964; nach GAUDRY/SPIELBERGER 1971, S. 35) hat in einer vergleichbaren Untersuchung ($N = 213$) eine Differenzierung nach Geschlechtern und Schulfächern vorgenommen (Tabelle 6). Auffällig sind die höheren negativen Korrelationen mit der TASC bei den Mädchen im 5. und 6. Schuljahr.
NICKEL u.a. (S. 6) konnten mit Hilfe von Extremgruppenvergleichen aufgrund der Schulzensuren zeigen, daß unterdurchschnittliche Gruppen (Zensuren > 4.5) deutlich höhere TASC-Mittelwerte erreichten.

Tabelle 6: Korrelationen zwischen Angst und Lesen/Rechnen

Geschlecht	Fach	Klasse 4	Klasse 5	Klasse 6
männlich	Lesen	−.08	−.28	−.16
	Rechnen	.08	−.34	−.31
weiblich	Lesen	−.24	−.46	−.65
	Rechnen	−.19	−.56	−.60

Wenn auch in den meisten Veröffentlichungen die negativen Korrelationen überwiegen, so findet man doch gelegentlich Studien, die bei Verwendung der TASC einen leistungsfördernden Effekt erbrachten. GIFFORD/MARSTON (1966; nach SCHELL, S. 46) stellten bei HÄ eine bessere Sinnentnahme beim Lesen fest; NEVILLE (1967; nach SCHELL, S. 46) fand heraus, daß das Leseverständnis bei mittlerer Angst am besten war. Letzterer Befund erinnert an das Gesetz von YERKES/DODSON (1908), das eine kurvilineare Beziehung zwischen Lernleistung und Motivation (drive) unterstellt. Aufgrund bisheriger Ergebnisse scheint dieser Fall aber im Rahmen der Angstforschung eine Ausnahme darzustellen.

Während in den meisten Untersuchungen Haupteffekte ermittelt wurden, legen einzelne Studien die Existenz von *Wechselwirkungen* nahe. SARASON u.a. (1971, S. 209–216) fanden zwei Angst-Aufgaben-Interaktionen (AAI), bei der die HÄ in der einen Aufgabe und die NÄ in der anderen Aufgabe leistungsfähiger sind. Wechselwirkungen dieser Art sind vor allem pädagogisch interessant, wenn sich solche Effekte für stark schulbezogene Aufgaben bzw. Methoden finden lassen, worum man sich in der Aptitude-Treatment-Interaction-Forschung (ATI) z.Z. sehr bemüht (vgl. KLAUER 1969; CRONBACH/SNOW 1969; BRACHT 1970; FLAMMER 1973; TOBIAS 1973; SCHWARZER/STEINHAGEN 1975). Eine andere Wechselwirkung ist die Angst-Intelligenz-Interaktion (AII). DENNY (1966; nach GAUDRY/SPIELBERGER 1971, S. 61) fand heraus, daß bei Hochintelligenten hohe Angstwerte den Konzepterwerb erleichterten und niedrige Angstwerte ihn behinderten. Umgekehrt bewirkten bei Niedrigintelligenten die hohen Angstwerte eine Behinderung und die niedrigen Angstwerte eine Erleichterung des Konzepterwerbs. Dieser Sachverhalt läßt sich graphisch veranschaulichen (vgl. Abbildung 3).

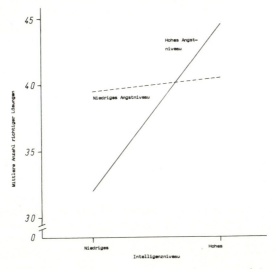

Abbildung 3: Beispiel für eine Angst-Intelligenz-Interaktion

Auch GAUDRY/FITZGERALD (1971, S. 155 ff.) fanden eine AII, wobei die Leistungen in verschiedenen Schulfächern als Kriteriumsvariablen dienten. Die Stichprobe bestand aus zwölf 7. Klassen in Victoria (Australien). Während für Englisch, Französisch und Naturwissenschaften keine Interaktion vorlag, sah es für das Fach Geographie und tendenziell auch für Mathematik und Geschichte anders aus:

Tabelle 7: *Interaktionszeile aus der Tafel der Varianzanalyse*

Variable	mittleres Quadrat	F	p
Geographie	214.45	4.79	<.03
Mathematik	100.22	2.57	<.11
Geschichte	88.85	2.00	<.16

Als Trend konnte für diese Variate eine AII angenommen werden, d. h. daß hohe Angst die Leistung der intelligenten Schüler förderte und niedrige Angst die Leistung gleichintelligenter Schüler verminderte. Eine Angst-Intelligenz-Interaktion konnte SCHELL (1972, S. 106 f.) nicht nachweisen, obwohl er sie in seiner Untersuchung erwartet hatte. Auf die grundsätzliche Bedeutung der differentiellen Beziehung zwischen Angst und Intelligenz weist er noch einmal hin:

„Erwähnenswert scheint uns die Wechselwirkung von Angst und Intelligenz zu sein. Bei der Überprüfung der Schulleistung im Rechnen konnte die Feststellung gemacht werden, daß bei hohem Intelligenzniveau der hemmende Einfluß der Angst eher wirksam wird als bei unterdurchschnittlicher Intelligenz. . . . Das Postulat von der Angst als einer intelligenzhemmenden Variable kann nach unseren Befunden für alle ängstlichen Schüler aufrechterhalten werden, besitzt jedoch für Kinder mit überdurchschnittlichem Intelligenzniveau besondere Bedeutung" (S. 117).

Eine letzte Art der Wechselwirkung schließlich finden wir in der Angst-Prüfungsmodus-Interaktion (API). In einer Untersuchung von GAUDRY/BRADSHAW (1971, S. 107 ff.) in vierzehn 7. und 8. Klassen in Melbourne wurden drei *sukzessive* und eine *abschließende* Leistungsprüfung durchgeführt. Neben sehr signifikanten Haupteffekten der Intelligenz und der Angst auf die Leistungen konnte eine signifikante Interaktion bezüglich der Angst und dem Prüfungsmodus (sukzessiv vs. abschließend) gefunden werden.

III. Eigene Forschungsarbeiten über Schulangst und Lernerfolg

1. Fragestellungen

Die TASC wurde 1973 und 1974 im Rahmen mehrerer Schulforschungsprojekte in Schleswig-Holstein eingesetzt. Die einzelnen Projekte (s. u.) haben jeweils verschiedene Fragestellungen, Hypothesen und Versuchspläne, deren Wiedergabe für die vorliegende Arbeit keine Bedeutung hätte. Als freier Mitarbeiter in diesen Projekten hatte der Verfasser die Gelegenheit, die Rohdaten zu übernehmen und damit a-posteriori-Analysen durchzuführen. Wegen des Fehlens einer experimentellen Einwirkung ist dieser Forschungstyp als eine Ex-post-facto-Studie zu charakterisieren. Anstelle eines experimentellen Versuchsplans mit einem detaillierten Katalog von Nullhypothesen können in diesem Fall nur die relativ allgemeinen Fragestellungen einer Felduntersuchung formuliert werden*:

1. Sind die psychometrischen Eigenschaften des Instruments befriedigend?

Bei dieser Frage geht es um die Verwendbarkeit der TASC als Verfahren zur Quantifizierung von Leistungsangst. Besonders die klassischen Testgütekriterien Reliabilität und Validität müssen zur Beantwortung ermittelt werden. Bezüglich der Reliabilität wird die Frage im Kapitel III.3.a) beantwortet, bezüglich der Validität in den Kapiteln III.3.c) bis III.3.e).

---

* Natürlich bedeutet das nicht ein naiv-empiristisches Vorgehen („data snooping"). Für den untersuchungstechnischen Ablauf wurden a priori einige Dutzend Nullhypothesen formuliert und später mit den jeweils angemessenen statistischen Verfahren geprüft. Eine Explikation dieser untersuchungs*technischen* Arbeitsschritte würde eine leserfreundliche Darstellung verhindern.

2. Gibt es Leistungsangstunterschiede
a) zwischen den Geschlechtern,
b) zwischen den Schularten,
c) zwischen den Sozialschichten?

Diese Gruppenvergleiche sind sehr wichtig, weil sie Aufschluß über Zusammenhänge zwischen Schulangst und schulischer Karriere sowie den Verdacht auf sozialschichtspezifische Mitbedingung von Leistungsangst prüfen können. Die Beantwortung erfolgt im Kapitel III.3.d).

3. In welcher Beziehung steht Leistungsangst zu anderen nichtkognitiven Variablen wie z. B. manifester Angst, Neurotizismus, Extraversion, Defensivität, sozialer Erwünschtheit usw.? Es wird angenommen, daß die Leistungsangst mit den ersten beiden in bedeutsamem Zusammenhang steht. Für schulische Belange werden diese anderen Variablen vermutlich eine geringere Rolle spielen. Die Beantwortung erfolgt im Kapitel III.3.e), III.3.f) und III.3.j).

4. Hat der elterliche Erziehungsstil Einfluß auf die Genese von Leistungsangst?

Obwohl diese Frage hier nicht beantwortet werden kann, weil sie einen dependenzanalytischen Versuchsplan voraussetzt, soll wegen der besonderen Bedeutung dieser Variablen (vgl. SARASON) zumindest der statistische Zusammenhang untersucht werden, aus dem vielleicht weitere Hypothesen gewonnen werden können (vgl. Kapitel III.3.g)).

5. In welcher Beziehung steht Leistungsangst zu Schulleistungen in verschiedenen Fächern?

Da die meisten Untersuchungen eine schulleistungshemmende Wirkung (debilitating effect) der Angst nahelegen, gilt es zu prüfen, ob sich diese Annahme bestätigen läßt oder ob das Gegenteil zutage tritt (facilitating effect). Über bivariate Zusammenhänge hinaus müssen hier differentielle Effekte geprüft werden, so z. B. die unterschiedliche Lernerfolgsprognose auf verschiedenen Angstniveaus (TASC als Moderator) und die Möglichkeit von Angst-Intelligenz-Interaktionen mit Schulnoten o. ä. als Kriteriumsvariablen usw. Die Beantwortung erfolgt in den Kapiteln III.3.h), j), k) und l).

6. Läßt sich die Schulleistungsprognose durch die Verwendung der TASC als zusätzlichem Prädikator erhöhen?

Dies ist eine Weiterführung und Modifikation der 5. Frage. Der Mangel an aufgeklärter Varianz bei lediglich kognitiven Lernerfolgsprädiktoren ist bekannt. Welche Rangordnung nimmt Leistungsangst unter diesem

Aspekt gegenüber anderen nicht-kognitiven Variablen ein, und wie groß ist der zusätzliche Gewinn an Varianzaufklärung? Die Beantwortung erfolgt im Kapitel III.3.j).

7. In welcher Beziehung steht Leistungsangst zur Intelligenz?
Es geht zunächst um die einfachen Zusammenhänge von Angst und Intelligenz, wobei für die zweite Variable verschiedene Testverfahren zur Verfügung stehen. Darüber hinaus stellt sich die Frage, ob Intelligenz auf verschiedenen Angstniveaus unterschiedliche Beziehungen zu anderen Variablen zeigt (TASC als Moderator) und ob Angst-Intelligenz-Interaktionen (AII) nachweisbar sind. Die Beantwortung erfolgt in den Kapiteln III.3.i), k) und l).

2. *Beschreibung der Stichproben**

Die dieser Arbeit zugrunde liegenden Personenstichproben entstammen vier Schulforschungsprojekten**, an denen der Verfasser als Mitarbeiter beteiligt ist und in denen die TASC als Instrument unter vielen anderen eingesetzt wurde:

I Projekt ,,Koordinierte Lernerfolgsmessung" (LEM) unter Leitung von Prof. Dr. W. ROYL (vgl. ROYL 1975; ROYL/JOCHIMSEN 1974; ROYL/SCHWARZER 1974).

II Projekt ,,Untersuchung zur prognostischen Validität von Leistungs- und Persönlichkeitsmessungen zur Vorbereitung einer sichereren Schullaufbahn – Prognose" (PROVAL) unter Leitung von Dr. J. SCHLEE (vgl. SCHLEE 1974).

III Projekt ,,Wissenschaftliche Begleitung eines Medienverbundsystems in den Städtischen Handelslehranstalten Kiel" (MVS) unter Leitung des Verfassers (vgl. SCHWARZER 1973).

IV Projekt ,,Verlaufsdiagnose in der Primarstufe" (VDP) unter Leitung von Dipl.-Päd. I. JOCHIMSEN (vgl. JOCHIMSEN/SCHWARZER).

---

* Die Beschreibungen beschränken sich auf knappe Angaben, da ggf. relevante Informationen über Intelligenz und andere Variablen später folgen.
** Die ersten drei Projekte werden aus Mitteln des Landes Schleswig-Holstein und des BMBW finanziert.

Die Stichprobe I (Projekt LEM)
Im September 1973 wurde eine Testbatterie im neu eingeschulten 5. Jahrgang von zwei integrierten und drei kooperativen Gesamtschulen, einer kooperativen Orientierungsstufe und in 35 Klassen des Regelschulwesens (Hauptschule, Realschule, Gymnasium), die als repräsentative Stichprobe aus der Population aller 5. Klassen Schleswig-Holsteins ausgewählt worden waren, administriert. Insgesamt wurden ca. 2 400 Schüler untersucht, von denen 2 145 TASC-Protokolle gewonnen werden konnten. Den ersten Berechnungen auf Itembasis lagen die Protokolle von 1 051 Mädchen und von 1 094 Jungen zugrunde. Für die Datenanalyse auf Rohwertbasis verringerte sich die Schülerzahl wegen inkompletter Datensätze auf

N_1 = 885 Gesamtschüler,
N_2 = 463 Schüler der kooperativen Orientierungsstufe und
N_3 = 746 Schüler des Regelschulwesens.

N_T = 2 094

Im Regelschulwesen wurde eine Stratifizierung bezüglich der Vorjahresquoten der Hauptschüler, Realschüler und Gymnasiasten im 5. Schuljahr vorgenommen, um irrepräsentative Variabilität zu vermeiden (vgl. Bildung in Zahlen, 1973). Dabei entfielen auf die Hauptschule 270, die Realschule 249 und auf das Gymnasium 227 Schüler. Es handelt sich um zehn- und elfjährige Schüler. Die genaue Altersverteilung wird aus der Tabelle 8 ersichtlich.

Tabelle 8: Altersverteilung:

Alter	abs. Häufigkeit	rel. Häufigkeit
≤ 10;0	24	01
10;1 – 10;3	76	04
10;4 – 10;6	280	13
10;7 – 10;9	406	19
10;10 – 11;0	382	18
11;1 – 11;3	394	19
11;4 – 11;6	222	11
11;7 – 11;9	105	05
11;10 – 12;0	68	03
≥ 12;1	138	07
	2 094	

Die Stichprobe II (Projekt PROVAL)
Im Juni 1973 wurde eine Totalerhebung aller Schüler der 4. Schuljahre der Stadt Neumünster vorgenommen. Die TASC war ein Bestandteil der umfangreichen Testbatterie. Insgesamt wurden 1 369 Schüler getestet. Dabei war ein Rücklauf von 1 230 TASC-Protokollen zu verzeichnen, 617 von Mädchen und 613 von Jungen. Dies war die Ausgangsstichprobe für Rechnungen auf Itembasis. Der endgültige Datensatz beruht wegen Probandenschwunds (z. B. der Gastarbeiterkinder) auf 950 Schülern, davon 482 Mädchen und 468 Jungen.

Die Stichprobe III (Projekt MVS)
Im November 1973 wurde in sieben Klassen der Unterstufe der zweijährigen Handelsschule in Kiel die TASC im Rahmen einer Evaluationsstudie eingesetzt. Bei den Schülern handelt es sich um Fünfzehnjährige, die den Hauptschulabschluß im Sommer 1973 erreicht haben. Die Klassenstufe entspricht also einem 10. Schuljahr. 151 TASC-Protokolle, 80 von Mädchen und 71 von Jungen, konnten dabei verwertet werden. Für den Rohwert-Datensatz verblieben noch 133 Schüler, 68 Jungen und 65 Mädchen.

Die Stichprobe IV (Projekt VDP)
Beim Projekt VDP handelt es sich um eine kleinere Längsschnittstudie, die mit einer Testung anläßlich der Ersteinschulung im Schuljahr 1970/71 begann und zum Ende des Schuljahrs 1973/74 abschließt. Die TASC wurde Ende März 1974 den aus diesem Jahrgang verbliebenen 118 Schülern zusammen mit dem AFS (s. o.) vorgegeben. Die Aufnahme dieser Stichprobe in die vorliegende Untersuchung geschah lediglich zu Validierungszwecken. Die TASC sollte nämlich zu dem gerade publizierten AFS in Beziehung gesetzt werden.

3. *Ergebnisse*[*]

a) *Instrumentelle Eigenschaften der TASC*

Zunächst sollen die internen psychometrischen Charakteristika der TASC bei verschiedenen Stichproben synoptisch dargestellt werden.

---

[*] Die Datenanalyse erfolgte durch den Verfasser im Rechenzentrum der Universität Kiel. Die meisten Rechenprogramme sind von Dipl.-Psych. H. FILLBRANDT, IPN Kiel, und Prof. Dr. E. WEBER, Lehrfach Variationsstatistik der Universität Kiel, in ALGOL geschrieben worden.

Dazu gehören Angaben über

die Reliabilität,
die Itemparameter
a) i. S. der klassischen Testtheorie,
b) i. S. des RASCH-Modells,
die Dimensionalität.

Angaben zur Validierung werden separat in den folgenden Kapiteln behandelt.
Wegen der zu erwartenden Geschlechtsspezifität der Ergebnisse wurden Jungen und Mädchen bei den Berechnungen getrennt.
Aus der „Übersicht über die Reliabilitätsschätzungen" ist zum einen zu entnehmen, daß die hohen Koeffizienten gut mit denen von NICKEL u. a. (1973) zu vergleichen sind, und zum anderen, daß der Trend eines steigenden Mangels an Reliabilität mit steigendem Alter zu verzeichnen ist. Offenbar ist das Instrument unter diesem Aspekt optimal im 4. Schuljahr einsetzbar – solange noch keine vergleichbaren Ergebnisse aus 3. Klassen vorliegen.

Tabelle 9: Übersicht über die Reliabilitätsschätzungen

Methode	Stichprobe					
	PROVAL (4. Schj.)		LEM (5. Schj.)		MVS (10. Schj.)	
	weibl. N = 617	männl. 613	weibl. 1051	männl. 1094	weibl. 80	männl. 71
Split-Half mit Korr. n. Spearman-B.	.91	.89	.86	.84	.76	.86
Innere Kons. nach KR 8	.95	.93	.91	.91	.87	.87
nach KR 20	.91	.89	.86	.85	.79	.79

Die nächste Übersicht (Tabelle 10) zeigt die Itemparameter der 30 TASC-Statements wieder nach Schuljahren und Geschlecht aufgeschlüsselt. Die jeweils drei Kennwerte bedeuten:

Tabelle 10: Itemparameter

Projekt	PROVAL (4. Schj.)						LEM (5. Schj.)						MVS (10. Schj.)					
Geschlecht	W			M			W			M			W			M		
N	617 (300)			613 (300)			1051 (300)			1094 (100)			80			71		
Item-Nr.	p	r	E	p	r	E	p	r	E	p	r	E	p	r	E	p	r	E
1	50	54	.59	38	47	.29	56	50	1.07	48	47	.60	71	08	1.79	54	36	.88
2	51	55	.85	51	49	1.02	43	50	.30	49	40	.65	44	37	.47	44	20	.42
3	33	48	−.38	25	43	−.43	30	33	.64	33	35	.03	22	53	−	18	35	.98
4	31	52	−.48	26	43	−.58	28	40	.30	31	40	−.02	70	07	−1.72	41	42	.29
5	17	43	−1.24	16	45	−	12	32	−	14	32	−1.44	05	26	−	01	08	−
6	38	54	.08	28	52	.19	38	42	.30	35	43	−.03	39	24	.23	34	34	.06
7	41	52	.13	32	39	.01	31	43	.34	29	40	.42	25	25	.23	37	15	.09
8	41	55	−.31	37	50	−.18	34	32	−.30	38	29	.03	42	25	−	13	36	−
9	31	52	−.20	24	55	−.72	29	42	.32	28	39	.48	11	40	−1.62	24	37	−
10	33	62	−.50	28	49	−.30	21	44	−	22	40	−.88	21	40	−.76	14	46	.60
11	26	52	−.99	28	50	−.32	19	35	−1.17	22	35	−.81	29	29	−1.14	14	53	−
12	25	56	−.74	17	50	−	23	48	.90	22	40	−.61	16	41	−	10	36	−
13	47	46	.48	39	38	.28	52	40	−1.38	50	31	−.85	06	47	.53	42	29	.36
14	21	46	−1.13	18	42	.97	17	36	−1.03	19	35	−.88	45	32	−1.93	03	04	−
15	57	57	.97	16	47	−	19	41	−1.47	21	44	−.67	09	40	−1.25	06	44	−
16	57	42	1.02	43	47	.52	60	45	1.54	53	43	.45	15	15	2.00	56	45	−
17	50	44	.75	29	42	.30	38	44	−	28	39	−1.18	75	47	.59	07	21	1.01
18	21	50	−1.21	20	47	−.82	17	38	−1.26	19	45	−1.02	24	16	−	14	23	−
19	29	53	−.63	19	53	−.85	41	56	.33	34	54	.03	06	59	.17	15	59	−1.32
20	65	47	1.65	60	46	1.39	56	37	−	75	41	1.93	37	40	1.72	66	45	1.48
21	75	40	2.62	69	39	2.17	80	33	2.60	82	30	1.99	70	34	−	87	15	2.84
22	32	54	−.38	29	58	−.11	25	49	−.68	27	50	−.36	87	40	−1.36	15	40	−
23	32	53	−.22	21	51	−.95	31	48	.16	26	49	.03	14	47	.11	23	51	.69
24	45	60	.46	41	56	−.54	41	60	−.03	42	53	.29	36	66	−	28	51	.36
25	45	64	.36	29	62	−.38	47	58	.68	39	59	1.00	31	62	.15	20	74	−
26	55	50	.77	49	48	.78	57	52	.83	57	50	1.00	40	32	.30	45	53	.49
27	52	51	.57	43	52	−.59	42	48	−	44	53	.70	68	69	1.59	28	60	.36
28	32	59	.34	28	59	.21	32	44	−.32	30	52	−.24	40	45	.51	24	57	−.60
29	41	63	.23	37	56	.03	36	50	−.04	35	49	−.02	21	36	.76	18	29	−.98
30	28	56	.59	24	55	−.58	27	52	.55	27	52	−.02	26	37	.44	08	27	−1.93

P = „Schwierigkeitsgrad" des Items, d. h. Prozentsatz der Zustimmung (ohne Dezimalpunkte).

r = Trennschärfe als punktbiseriale Korrelation (r_{it}) zwischen dem Item und dem Rohwert (ohne Dezimalp.).

E = Logarithmus des produktnormierten Epsilon als Schätzung des Leichtigkeitsparameters nach dem RASCH-Modell. Diese Rechnung beruht aus EDV-technischen Gründen z. T. auf einem kleineren N. Wenn die Angabe bei einem Item fehlt, so ist es im jeweiligen Fall nicht modellverträglich.*

Während im 4. und 5. Schuljahr bei jeweils einem Geschlecht die Analyse der TASC-Items mit Hilfe des zweifaktoriellen, zweikategoriellen Modells von RASCH das Instrument als homogen und damit intern valide erscheinen läßt, kann dieser – vorläufige – Befund im 10. Schuljahr nicht repliziert werden. An diesen sechs Itemanalysen wird zugleich die Beziehung zwischen der Streuung der klassischen Trennschärfen und dem RASCH-Modell veranschaulicht. Bei den Schülerinnen im 4. Schuljahr streuen die r_{it} zwischen .40 und .64, während die r_{it} der Schüler im 10. Schuljahr viel heterogener sind, indem sie zwischen –.04 (Item 14) und .74 (Item 25) variieren. Im ersten Fall werden alle 30 Items bei der RASCH-Analyse akzeptiert, im zweiten Fall werden 9 Items eliminiert, unter denen auch die Items 14 und 25 sind.

Die Geschlechtsspezifität der TASC läßt sich am besten mit Hilfe einer Graphik (Abbildung 4) veranschaulichen, in der jedes Item seine Position in einem Koordinatensystem erhält, das durch die weiblichen Parameter auf der Abzisse und die männlichen Parameter auf der Ordinaten gebildet wird. Als Kennwerte für die folgende Abbildung dienen die logarithmierten produktnormierten Epsilon der verbliebenen 27 Items der beiden Stichproben im 4. Schuljahr. Bei einem Test mit völliger Geschlechtsneutralität müßten die Items für beide Geschlechter gleich hohe Werte erbringen und demnach auf der 45°-Geraden liegen. Dieser Idealfall ist hier nur für die Items 30, 26 und 27 gegeben. Die größte Abweichung von der Diagonalen hat das Item 17 zugunsten der Mädchen.

* Auf die Erörterung des RASCH-Modells wird an dieser Stelle verzichtet. Der interessierte Leser sei verwiesen auf FISCHER (1968), STAPF (1970), FRICKE (1972), SPADA (1974a, 1974b). Für die Rechenarbeiten wurde ein FORTRAN-Programm von FISCHER/ SCHEIBLECHNER (Wien) mit Änderungen von JÖRGENSEN (IPN Kiel) verwendet.

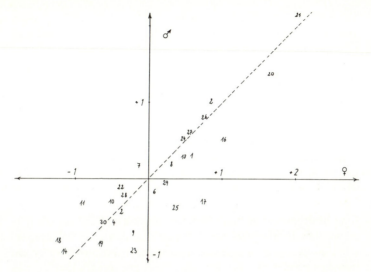

Abb. 4: Geschlechtsspezifität der Items

Das ist inhaltlich plausibel, wenn man sich die entsprechende Formulierung des Statements ansieht:

„17. Wenn ich etwas sehr schlecht gemacht habe, möchte ich am liebsten weinen, auch wenn ich versuche, mich zu beherrschen."

Ein Junge wird sich viel seltener als ein Mädchen dazu bereitfinden einzugestehen, daß er unter bestimmten Umständen *weinen* möchte. Das ist mit seiner Geschlechtsrolle kaum vereinbar. Auch physiologische Reaktionen (Item 16: ...„komisches Gefühl im Magen"; Item 23: ...„zittert mir die Hand") werden eher von Mädchen eingestanden. Entsprechende Graphiken für die anderen Stichproben konnten die geschlechtsspezifische Position der Items tendenziell bestätigen. Beim 10. Schuljahr verblieben für Jungen und Mädchen nur noch 17 gemeinsame Items nach der Eliminierung, von denen 16 unterhalb der Diagonale lagen. Dies ist ein weiteres Argument dafür, daß die TASC bei einer solchen Population kaum noch verwendbar ist.

Hinsichtlich der Dimensionalität der TASC herrscht noch keine Klarheit. DUNN (1964) hat vier Faktoren extrahiert (s. o.), GÄRTNER-HAR-

NACH (1972b) fand für den vergleichbaren FS 11–13 fünf Faktoren, von denen einer skalenspezifisch war (s. o.). NICKEL u. a. (1973) haben bei einer gemeinsamen Faktorenanalyse von CMAS und TASC (71 Items) vier Dimensionen gefunden, die nach Geschlechtern getrennt verschieden zu interpretieren waren. Grundsätzlich besteht natürlich das Bedürfnis nach einem eindimensionalen Leistungsangstfragebogen, der dann als Subtest in eine Batterie eingehen kann, so wie z. B. die PA-Skala des AFS von WIECZERKOWSKI u. a. (1973).

Für die vorliegenden sechs Personenstichproben wurden zu heuristischen Zwecken zunächst Clusteranalysen auf der Basis der Phi-Koeffizienten-Matrix der 30 Items gerechnet. (Auf die Wiedergabe der 6 Matrizen, die wegen der je 435 Koeffizienten ohnehin kaum lesbar sind, wird nicht zuletzt aus ökonomischen Gründen verzichtet.)

Je nach Stichprobe und B_{krit}-Niveau konnten ein bis fünf Cluster ermittelt werden, die relativ uneinheitlich waren und deren sinnvolle gemeinsame Interpretation nicht gelang. Einheitlich war bei allen Lösungen an irgendeiner Stelle das Auftreten eines „Prüfungsangst-Clusters", der an die Items 19, 25 und 28 gebunden war, und eines Clusters mit Bindung an die Items 7 und 10, der als „Gefühl der Unterlegenheit" interpretiert wurde. Diese beiden Dimensionen ließen sich faktorenanalytisch replizieren (s. u.).

Um weiteren Aufschluß über die Dimensionalität als einer wesentlichen instrumentellen Eigenschaft zu erhalten, wurden merkmals-fixierte Faktorenanalysen gerechnet (vgl. PAWLIK 1972^2, S. 270). Die Faktorenextraktion erfolgte nach der Hauptachsenmethode und die Lösung des Mindestrangproblems durch die Schätzung von k (vgl. PAWLIK, S. 129ff.). Anschließend erfolgte eine orthogonale Rotation nach dem VARIMAX-Kriterium.

Zunächst wurden jeweils die Eigenwerte aus den sechs Interitemkorrelationsmatrizen berechnet, die sich als sehr ähnlich erwiesen. Stellvertretend seien die ersten 7 Eigenwerte der Matrix von 1051 Schülerinnen des 5. Schuljahres genannt: 5.99, 1.72, 1.35, 1.24, 1.10, 1.03, .98. Als Faustregeln zur Bestimmung der Faktorenzahl bieten sich der KAISER-Unity-Test und der Scree-Test an (vgl. CATTELL 1966, S. 240). Nach der KAISER-Methode wäre eine 6-Faktoren-Lösung sinnvoll (6 Eigenwerte größer als 1.00), was im deutlichen Widerspruch zum Scree-Test steht, der eine 2-Faktoren-Lösung nahelegt. Um trotz dieses Widerspruchs zu einer sinnvollen Lösung zu kommen, werden Zweier-,

Dreier- und Viererlösungen aller 6 Matrizen berechnet. Als weiteres Interpretationskriterium gilt der Vorschlag von FÜRNTRATT (1969), nur solche Faktoren zuzulassen, die über mindestens drei Markiervariablen verfügen, deren Ladungsquadrat dividiert durch die Kommunalität größer als $1/2$ ist ($a_i^2/h_i^2 \geq .5$). Zusätzlich wurde eine Faktorenlösung nur beibehalten, wenn sie an mindestens einer anderen Stichprobe repliziert werden konnte. Nach Anlage dieser relativ strengen Maßstäbe verblieben schließlich nur noch 2-Faktoren-Lösungen, die in allen sechs Stichproben gleichermaßen interpretierbar waren. Die beiden Dimensionen erhalten die Bezeichnung:

I ,,Angst vor schulischer Leistungsprüfung"
II ,,Gefühl der Unterlegenheit und Erwartungsangst"

Die Formulierung geschah in Anlehnung an NICKEL u. a. (1973, S. 3), von deren vier Faktoren zwei mit unseren vergleichbar waren. Die Tabelle im Anhang 6 gibt für jedes Item und jede der 6 Personenstichproben (Projekte in den drei Spalten; Geschlecht in den zwei Zeilen) die Ladungszahlen a_i (ohne Dezimalpunkt) für die Faktoren I und II sowie die Kommunalität h^2 an. Trotz der geringen Personenstichprobengröße des 10. Schuljahrs (vgl. PAWLIK, S. 276-278) wurden auch hier Faktorenanalysen zu Replikationszwecken gerechnet.

Der wesentliche Nachteil der 2-Faktoren-Lösungen liegt in der niedrigen Varianzaufklärung. Es werden nur ein Viertel bis ein Drittel der Gesamtvarianz aufgeklärt, was die Anwendung dieses Verfahrens auf die TASC nachträglich als problematisch erscheinen läßt. Die interpretative Eindeutigkeit ist mit einem erheblichen Informationsverlust erkauft worden.

Bei Durchsicht der Tabelle im Anhang 6 stellt man fest, daß die Ladungszahlen zwar gelegentlich zwischen den Personenstichproben deutlich variieren, aber echte Widersprüche in der Faktorenzuordnung nicht auftreten. Wenn man hinsichtlich der Replizierbarkeit einen sehr strengen Maßstab anlegt, lassen sich immer noch 8 Items dem Faktor I und 5 Items dem Faktor II eindeutig zuordnen, während die anderen nur jeweils Tendenzen überwiegend zum Faktor I aufweisen. Die besonders relevanten Markiervariablen werden noch einmal separat aufgeführt:

Faktor I:
Item 19: Ich habe Angst vor Klassenarbeiten.
Item 20: Vor einer Klassenarbeit bin ich meist aufgeregt.
Item 23: Bei Klassenarbeiten zittert mir oft die Hand.
Item 24: Während einer Klassenarbeit mache ich oft Fehler, weil ich so aufgeregt bin.
Item 25: Wenn der Lehrer sagt, daß wieder eine Klassenarbeit geschrieben wird, bekomme ich immer ein bißchen Angst.
Item 27: Manchmal wünschte ich, daß ich mir nicht so viele Sorgen über Klassenarbeiten machte.
Item 28: Wenn der Lehrer eine Klassenarbeit ankündigt, werde ich nervös.
Item 30: Wenn ich morgens zur Schule komme, habe ich manchmal Angst, daß überraschend eine Klassenarbeit geschrieben wird.

Faktor II:
Item 5: Manchmal träume ich nachts, daß ich in der Schule bin und mich vor der Klasse blamiere, weil ich etwas nicht kann.
Item 7: Ich habe das Gefühl, daß andere Kinder meiner Klasse beim Rechenunterricht besser mitkommen als ich.
Item 10: Mir ist oft so, als würden meine Mitschüler im Unterricht leichter mitkommen als ich.
Item 14: Ich träume nachts manchmal, daß andere Kinder meiner Klasse Dinge können, die ich nicht kann.
Item 18: Manchmal träume ich, daß der Lehrer ärgerlich auf mich ist, weil ich meine Aufgaben nicht kann.

Wegen der geringen Varianzaufklärung erscheint die Annahme einer Zweidimensionalität der TASC trotz mehrfacher Replikation als nicht ausreichend belegt. Die RASCH-Analysen bei den vier großen Stichproben des 4. und 5. Schuljahres deuten auf ein relativ homogenes (eindimensionales) Instrument hin. Revisionsarbeiten – die an anderer Stelle erfolgen müßten – sollten nach Eliminierung der Faktor II-Variablen auf eine ergänzende Konstruktion von Parallelitems zu den Faktor I-Variablen hinzielen.

Unabhängig von diesen – die faktorielle Validität betreffenden – Veränderungsvorschlägen lassen sich aufgrund der in diesem Kapitel referierten Angaben die instrumentellen Eigenschaften der TASC als recht gut bezeichnen. Der diagnostische Wert kann jedoch erst insgesamt beurteilt werden, wenn die Ergebnisse der Validierung (s. u.) vorliegen.

b) Statistische Kennwerte für die verschiedenen Stichproben

Im folgenden sollen überwiegend die elementarstatistischen Kennwerte wie Mittelwert und Streuung sowie Häufigkeitsverteilungen für diverse Teilstichproben der gesamten Untersuchungsstichprobe der drei Pro-

Tabelle 11: Schwierigkeiten der Rohwertitems nach Schularten getrennt

	HAU	REA	GYM	GES	
1	.54	.59	.35	.58	
2	.67	.51	.29	.47	
3	.37	.29	.21	.34	
4	.42	.33	.22	.34	
5	.21	.13	.10	.15	
6	.45	.38	.30	.39	
7	.41	.29	.22	.30	
8	.41	.34	.32	.40	
9	.32	.29	.22	.32	
10	.38	.20	.15	.25	
11	.33	.21	.15	.19	
12	.31	.22	.17	.20	
13	.52	.55	.42	.53	
14	.26	.15	.11	.24	
15	.28	.20	.11	.17	
16	.56	.61	.54	.61	
17	.32	.37	.31	.32	
18	.27	.17	.10	.18	
19	.45	.41	.20	.40	
20	.75	.79	.72	.83	
21	.83	.82	.82	.82	
22	.40	.28	.15	.29	
23	.34	.30	.18	.32	
24	.56	.40	.23	.46	
25	.54	.47	.30	.48	
26	.65	.58	.43	.56	
27	.49	.43	.33	.44	
28	.35	.31	.19	.29	
29	.46	.40	.23	.40	
30	.32	.27	.16	.27	
$\bar{P}_1$	.44	.38	.27	.38	(N = 1248)
$\bar{P}_2$	.44	.38	.30	.34	(N = 1816)

jekte (N = 3526) angegeben werden, um Unterschiede zwischen Schularten, Geschlechtern und Altersstufen zu identifizieren.

Ein Übergang von den Berechnungen auf Itembasis, die im Kapitel über die instrumentellen Eigenschaften vorgestellt wurden, und den Berechnungen auf Rohwertbasis ist gegeben durch eine Tabelle der Itemschwierigkeiten und -mittelwerte verschiedener Schularten im 5. Schuljahr (Tabelle 11). Die Werte beruhen auf den ersten angefallenen 43 Schulklassen mit 1248 Schülern und sind daher leicht verzerrt. Zur Korrektur der mittleren Itemschwierigkeiten ($\bar{P}_1$) sind gleich darunter die endgültigen $\bar{P}_2$ bei N = 1631 angegeben. Es zeigt sich bei den einzelnen Items eine Verringerung der Schwierigkeitsgrade mit ansteigender Schulart, d.h. daß Gymnasiasten weniger Leistungsangst eingestehen als Hauptschüler. In den Gesamtschulen, in denen ja die Variabilität aller Merkmale etwa dem gesamten Regelschulwesen entspricht, liegen die Werte in mittlerer Höhe, also auf der Ebene der Realschulen. Interessant sind nun solche Items, die dieses Schema durchbrechen. So ist z.B. bei Item 20 die Bejahung der Gesamtschüler am stärksten; bei Item 21 dagegen liegen alle vier Schularten auf gleicher Höhe. Die Interpretation solcher Sachverhalte ist schwierig, da hier viele Möglichkeiten eine Rolle spielen können. Die durch die Schularten zum Ausdruck kommenden intellektuellen Unterschiede, die Einfluß auf Defensivität bzw. Dissimulation nehmen können, werden bei Items irrelevant, die schon von sich aus bei allen Vpn. Defensivität provozieren, oder bei Items, die trivial sind und daher keine Defensivität hervorrufen.

Um einen Maßstab für die nach Schularten getrennten Kennwerte zu haben, werden im folgenden unsere Statistiken des 5. Schuljahrs denen von NICKEL u. a. (1973, S. 5) gegenübergestellt. Die Datensätze im Projekt LEM sind nicht nach Geschlechtern getrennt worden, da schon bei den Itemanalysen zu sehen war, daß hier erwartungswidrigerweise die Differenz ohne praktische Bedeutung war und daher den erheblichen Aufwand nicht gerechtfertigt hätte (Tabelle 12).

Tabelle 12: Geschlechtsunterschied

	Mädchen	Jungen
$\bar{X}$	11.03	10.79
s	6.00	5.85
N	1051	1094

Die Kennwerte von NICKEL u. a. (1973) liegen deutlich höher als unsere (Tabelle 13).

Tabelle 13: TASC-Kennwerte für verschiedene Schularten im 5. Schuljahr

	NICKEL-Projekt						Projekt LEM		
	HAU		REA		GYM		HAU	REA	GYM
	männl.	weibl.	männl.	weibl.	männl.	weibl.			
$\overline{X}$	14.57	17.61	19.89	14.27	10.50	10.54	13.21	11.41	8.39
s	8.18	8.12	7.23	8.31	6.15	6.07	5.56	5.53	4.86
N	79	67	54	41	34	24	270	366	295

Es läßt sich nicht entscheiden, ob regionale, materiale, temporäre oder administrationsspezifische Effekte diese Differenzen hervorgerufen haben. Uns sind die eigenen Untersuchungen, die sich auf N = 746 Schüler im Regelschulwesen und auf diverse zusätzliche Stichproben stützen, natürlich vertrauenswürdiger als die anderen (N = 299).

Für einen weiteren Vergleich lassen sich die eben aufgeführten drei Schularten des LEM-Projekts zusammenfassen* und den Gesamtschulen und der kooperativen Orientierungsstufe gegenüberstellen (Tabelle 14).

Tabelle 14: Schularten-Vergleich

	Regelschulwesen	Gesamtschulen	Orientierungsstufe
$\overline{X}$	11.13	10.26	11.36
s	5.71	8.19	6.16
N	746	885	463

$$t = 2.52 \qquad t = 2.77$$
$$t = 1.83$$

Die Mittelwertunterschiede sind z. T. statistisch signifikant, was aber bei so vielen Personen ohne praktische Bedeutung ist (vgl. BREDENKAMP 1972). Es wäre daher etwas gewagt, die Gesamtschüler als weniger leistungsängstlich zu bezeichnen als die Schüler des Regelschulwesens.

---

* Es sei daran erinnert, daß eine Stratifizierung nach den Vorjahresquoten im 5. Schuljahr erfolgte (HS: N = 270, RS: N = 249, GY: N = 227).

Informativ ist auch eine Analyse der TASC-Kennwerte in verschiedenen Schuljahren bzw. Altersstufen. In der Untersuchung von NICKEL u. a. ergab sich varianzanalytisch ein signifikanter Haupteffekt auf der Grundlage abnehmender Leistungsangst bei zunehmendem Alter (5., 7. und 9. Schuljahr). Hier die Tabelle der eigenen drei Projekte:

Tabelle 15: TASC-Kennwerte für verschiedene Schuljahrsstufen

	4. Schuljahr		5. Schuljahr	10. Schuljahr	
	weiblich	männlich	(Regelschulen)	weiblich	männlich
$\overline{X}$	11.65	9.65	11.13	10.35	8.10
s	7.32	6.57	5.71	4.74	4.50
N	617	613	746	80	71
	t = 5.04			t = 2.99	

Für das 4. und 10. Schuljahr wurden Geschlechtertrennungen vorgenommen. Die jeweiligen Mittelwerte unterscheiden sich sehr signifikant zugunsten höherer Ängstlichkeit bei den Mädchen. Die Unterschiede zwischen den Schuljahrsstufen des 4. und 10. Schuljahrs sind bei den Mädchen (t = 2.14) und bei den Jungen (t = 2.60) signifikant. Die von NICKEL u. a. angenommene Tendenz einer mit dem Alter abnehmenden Leistungsangst kann demnach bestätigt werden.

Es bleibt noch zu prüfen, ob Mittelwertunterschiede zwischen den Hauptschülern im 9. Schuljahr und den Handelsschülern im 10. Schuljahr (5 Monate nach dem Hauptschulabschluß) bestehen (Tabelle 16).

Tabelle 16: Vergleich von Haupt- und Handelsschülern

	9. Schuljahr (NICKEL-Projekt)		10. Schuljahr (Projekt MVS)	
	weiblich	männlich	weiblich	männlich
$\overline{X}$	10.98	9.11	10.35	8.10
s	5.85	5.25	4.74	4.50
N	48	66	80	71

Da weder zwischen den Mädchen beider Stichproben (t = 1.20) noch den Jungen (t = .75) ein signifikanter Unterschied besteht, stimmen auch in diesem Fall unsere Ergebnisse mit denen von NICKEL u. a. gut überein. Eine weitergehende Differenzierung der in diesem Kapitel an-

gegebenen Kennwerte liefern die durch Flächentransformation gewonnenen Normen (Prozentränge, T-Werte, Z-Werte und C-Werte), die für das 4. Schuljahr geschlechtsspezifisch ermittelt wurden (vgl. Anhang). Auffällig ist dabei der ,,floor"-Effekt.
Während die bis hierher referierten Kennwerte auf den Datenanalysen auf Itembasis beruhten, ergeben sich geringfügige Abweichungen bei den im weiteren Verlauf darzustellenden Ergebnissen auf Rohwertbasis, weil hier wegen Probandenschwunds das N reduziert ist. Die Abbildung 5 enthält die Verteilung der relativen Häufigkeiten der Rohwerte für die Mädchen und Jungen im 4. Schuljahr. Die nun leicht veränderten Kennwerte sind:

Tabelle 17: Mittelwerte und Streuungen

	Mädchen	Jungen
$\bar{X}$	11.63	9.10
s	7.36	6.52
N	482	468

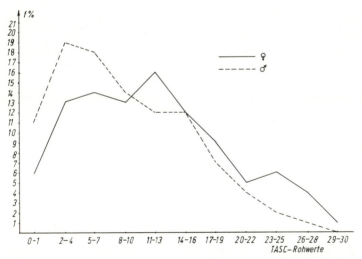

Abb. 5: Verteilung der relativen Häufigkeiten der Angstwerte im 4. Schuljahr

Die Abbildung 6 enthält die Verteilung der relativen Häufigkeiten der repräsentativen Quotenstichprobe der Schüler im 5. Schuljahr des Regelschulwesens (N = 746, $\bar{X}$ = 11.13, s = 5.71). Zum Vergleich dazu ist die Verteilung der Schüler des 10. Schuljahres gezeichnet (N = 133, davon 68 weiblich und 65 männlich), $\bar{X}$ = 9.25, s = 4.92).

Die Linksgipfligkeit der Verteilungen ist für die TASC überhaupt charakteristisch. Für die Praxis ist das durchaus vorteilhaft, weil das Instrument dann in dem relevanten oberen Bereich gut differenziert. Hier liegt übrigens eine Parallele zur N-Skala der HANES in diesem Alter (eigene Untersuchung; vgl. auch das Manual, S. 27).

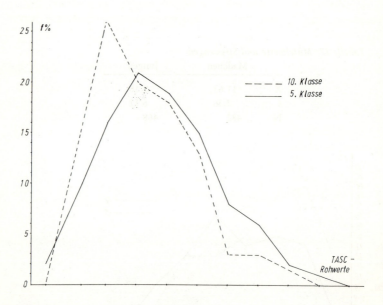

Abb. 6: Verteilung der relativen Häufigkeiten der Angstwerte in verschiedenen Altersstufen

Bei den drei großen Stichproben ist die Abweichung von der Normalverteilung signifikant (nach Chi-Quadrat und Kolmogoroff-Smirnov-

Anpassungstest)*, während bei der kleineren Stichprobe im 10. Schuljahr die Normalverteilungshypothese nach Prüfung mit dem K-S-A beibehalten wird:

$\widehat{D} = .07 < D_{.10} = .106$ (ns).

c) Andere Angstmaße als Außenkriterien

Als zusätzliche Angstmaße konnten in zwei verschiedenen relativ kleinen Stichproben der AFS von WIECZERKOWSKI u. a. (1973) und das STAI von SPIELBERGER u. a. (1970) eingesetzt werden.
Das „State-trait-anxiety-inventory" in der deutschen Übersetzung des Verfassers (s. Anhang) beruht auf der von CATTELL/SCHEIER vorgenommenen und später von SPIELBERGER explizierten Unterscheidung von Zustandsangst und Angstneigung (s. o.). Für A-state und A-trait liegen je 20 Statements vor, die den Schülern des 10. Schuljahrs im Projekt MVS administriert wurden (N = 133). Die Reliabilität der A-state-Skala betrug $r_{tt} = .82$, die der A-trait-Skala $r_{tt} = .81$ (Split-Half mit Spearman-Brown-Korrektur). Die Korrelation beider Skalen lag bei $r = .54$, was mit den amerikanischen Befunden gut übereinstimmt, denn dort lagen die Koeffizienten für weibliche Vpn. zwischen .44 und .55 und für männliche Vpn. zwischen .51 und .67 (vgl. Manual, S. 12). Da die TASC mehr die Angstneigung als die Zustandsangst erfassen soll, müßte die Korrelation mit A-trait höher ausfallen als mit A-state. Für den ersten Fall ergab sich entsprechend $r = .26$ (ss) und für den anderen Fall $r = .16$ (ns). Bei Verwendung der RASCH-Personenparameter anstelle der Rohwerte ergaben sich $r = .31$ (ss) und $r = .23$ (ss.). Trotz statistischer Signifikanz liegen die Koeffizienten zu niedrig, um die A-trait-Skala (in dieser vorläufigen deutschen Fassung) als Validitätskriterium gelten zu lassen.

Möglicherweise ist eine allgemeine niedrige Merkmalsvariabilität in dieser Stichprobe für die niedrigen Koeffizienten mitverursachend, da auch zwischen verschiedenen Intelligenzvariablen und der TASC Nullkorre-

---

* Die für die weiterführenden Datenanalysen vorgesehenen Flächentransformationen scheiterten an technischen Schwierigkeiten (keine fristgerechte Externspeichermöglichkeit nach Kernspeichererschöpfung). Andererseits sind verteilungsbedingte Verzerrungen bei Korrelationsrechnungen mit derart großem N nicht zu erwarten, da – wie geprüft wurde – die Rangkorrelationskoeffizienten mit den Produkt-Moment-Korrelationskoeffizienten praktisch identisch waren.

lationen vorliegen (s. u.). Zur Übersicht soll die gesamte Interkorrelationsmatrix wiedergegeben werden. Die 23 Variablen sind:

1. PSB 1+2	9. PSB 9	17. CFT Gesamt
2. PSB 3	10. PSB 10	18. TASC (Rohwerte)
3. PSB 4	11. PSB Gesamt	19. TASC
4. PSB 3+4	12. GEFT	(Rasch-Param.)
5. PSB 5	13. CFT 1	20. F 62
6. PSB 6	14. CFT 2	21. EDV-Test
7. PSB 7	15. CFT 3	22. A-state
8. PSB 8	16. CFT 4	23. A-trait

Die Validierungsstudie im 4. Schuljahr des Projekts VDP (s. o.) hatte zum Ziel, einen Vergleich von TASC und AFS durchzuführen, wobei die PA-Skala des AFS als Außenkriterium für die externe Validität der TASC herangezogen werden sollte. Beide Instrumente konnten im März 1974 an N = 117 Schülern eingesetzt werden. Die dabei ermittelten inneren Konsistenzen des AFS für diese Stichprobe waren:

Tabelle 18: Reliabilitätskoeffizienten

Skala		KR 8	KR 20	Split-Half mit Korrektur
Prüfungsangst	(PA)	.93	.86	.88
Manifeste A.	(MA)	.89	.79	.80
Schulunlust	(SU)	.65	.23	.04
Soz. Erwünscht	(SE)	.91	.82	.86

Die uns hier interessierende Skala PA erfüllt demnach in hohem Grade die Reliabilitätsanforderungen (bei nur 15 Items).

---

* Die dem Leser wahrscheinlich weniger bekannten Variablen 12, 13-17, 20 und 21 sollen kurz erläutert werden:
Der GEFT ist eine deutsche Übersetzung des Verfassers des „Group Embedded Figures Test" der Gruppe um WITKIN (1971), der den kognitiven Stil „Feldabhängigkeit vs. Feldunabhängigkeit" erfassen soll.

Der CFT (Skala 3) ist ein nichtverbaler Grundintelligenztest von CATTELL/WEISS (1971) mit vier Subtests.
Der F 62 ist ein vom Verf. konstruierter Lernmotivationsfragebogen (vgl. SCHWARZER 1973).
Der EDV-Test ist ein von Lehrern entwickelter Lehrzieltest zur Messung der Lehrzielerreichung im Unterrichtsfach „EDV".

Tabelle 19: Korrelationsmatrix (Grenzwert für einfache Korrelation für P = 5% = .170)

	1	2	3	4	5	6	7	8	9	10	11	12	13	14	15	16	17	18	19	20	21	22
2	.14																					
3	.29	.56																				
4	.24	.88	.82																			
5	.20	.17	.13	.17																		
6	.53	.31	.35	.35	.03																	
7	.12	.42	.30	.39	.08	.22																
8	.18	.30	.21	.26	.05	.33	.29															
9	-.02	.13	.22	.18	0	.10	.08	-.02														
10	-.08	.18	.13	.16	.12	0	.11	-.06	.11													
11	.51	.62	.59	.67	.41	.57	.59	.49	.31	.44												
12	.12	.34	.17	.29	-.04	.18	.32	.16	.04	.10	.31											
13	0	.10	.17	.16	.21	.14	.07	.18	-.07	.03	.19	.03										
14	.12	.24	.19	.25	.04	.05	.17	.12	.03	.07	.22	.23	.18									
15	.04	.26	.31	.29	-.07	.30	.19	.34	.10	.05	.30	.21	.21	.11								
16	.13	.36	.27	.31	0	.23	.31	.29	-.01	-.03	.30	.26	.19	.32	.28							
17	.12	.37	.36	.40	.07	.28	.28	.36	.02	.06	.39	.28	.62	.66	.60	.68						
18	-.02	0	-.06	-.08	.04	-.11	0	.07	-.11	.05	0	.07	.05	-.10	-.07	.09	-.01					
19	.08	.03	0	-.02	.04	-.07	.06	.05	-.18	.03	.03	.14	.04	-.06	-.10	.05	-.03	.78				
20	.11	-.11	-.08	-.07	0	-.05	-.12	-.08	-.08	-.10	-.11	-.14	-.05	-.24	-.11	-.06	-.19	-.06	-.13			
21	.10	.28	.30	.33	-.07	.16	.27	.16	.06	.14	.30	.26	.05	.28	.19	.18	.28	0	-.03	-.12		
22	0	-.13	-.23	-.19	.05	-.09	-.24	.01	-.13	-.02	-.14	-.06	-.05	-.11	-.04	-.15	-.14	.16	.23	-.16	-.18	
23	.04	-.17	-.21	-.20	0	-.19	-.10	-.08	-.14	-.08	-.17	-.23	-.03	-.13	.02	-.22	-.14	.26	.31	-.13	-.14	.54

Die Korrelation zwischen der TASC und der PA-Skala beträgt r = .85. Dieser Koeffizient gilt nicht nur als Nachweis einer kriterienbezogenen Validität der TASC, sondern gestattet schon die forschungstechnische Verwendung beider Verfahren im Sinne von Paralleltests. Zur weiteren Information ist die Matrix der Korrelationskoeffizienten von TASC und AFS wiedergegeben (Tabelle 20).

Tabelle 20: Beziehung zwischen TASC und AFS

PA	+.85			
MA	+.74	+.73		
SU	+.56	+.57	+.47	
SE	–.09	–.10	–.18	–.06
	TASC	PA	MA	SU

(r ≥ .1816 [s]; r ≥ .2373 [ss])

Die TASC korreliert mit den Skalen MA, SU und SE in gleicher Höhe wie diese mit der Skala PA. Das ist ein zusätzlicher Hinweis auf Äquivalenz.

d) Leistungsangst im Gruppenvergleich: Geschlecht, Schulart und Sozialstatus

Ein Beitrag zur Konstruktvalidierung der TASC ist die Replikation von Populationsdifferenzen, die in verschiedenen Untersuchungen mit vergleichbaren Leistungsangstverfahren auftreten.

In dem Kapitel über die statistischen Kennwerte ist schon das wesentliche über Geschlechts- und Schulartunterschiede gesagt worden (s. o.). Mädchen gestehen mehr Angst ein als Jungen, und mit ansteigendem Schulartniveau im 5. Schuljahr sinken die Angstwerte. Mit diesen Befunden konnten frühere Ergebnisse von NICKEL u. a. (1973, S. 5) und GÄRTNER-HARNACH (1973, S. 12) repliziert werden.

Hinsichtlich des Sozialstatus konnten bisher lediglich die Daten für das 4. Schuljahr verrechnet werden. Nach ABELSON (1961), DUNN (1968) und GÄRTNER-HARNACH (1972 b) müßten Unterschichtkinder höhere Angstniveaus erreichen als Mittelschichtkinder. Dahinter steht die Annahme, daß die Unterschichtkinder die schulischen Anforderungen als bedrohlich empfinden, da die Schule als eine Institution der Mittelschicht gilt, was sich in dem dort vermittelten Wertsystem und dem

elaborierten Sprachcode ausdrückt (vgl. auch SCHLEE 1973). Die 950
Kinder im 4. Schuljahr wurden bezüglich ihres Sozialstatus nach der
Klassifikation von KLEINING/MOORE (1968), die den Beruf des Vaters
als Indikator verwendet, in 5 Stufen eingeteilt. Folgende Kategorienbesetzungen kamen zustande (Tabelle 21).

Tabelle 21: Sozialschichteinteilung

Sozialschicht	N der Mädchen	N der Jungen	Gesamt-N
1. Obere Mittelschicht	19	17	36
2. Mittlere Mittelschicht	30	31	61
3. Untere Mittelschicht	109	113	222
4. Obere Unterschicht	210	190	400
5. Untere Unterschicht	45	61	106
(nicht klassifizierbar)	69	56	125
Randsumme der Klassifizierbaren:	413	412	825

Wenn man eine Dichotomisierung der Gesamtstichprobe nach Mittelschicht- und Unterschichtkindern vornimmt (1-3 und 4+5) und für
beide Gruppen die TASC-Kennwerte berechnet, ergibt sich folgendes
Bild (Tabelle 22).

Tabelle 22: Sozialschichtdifferenzen

	Mittelschicht	Unterschicht
$\overline{X}$	8.77	11.09
s	6.54	7.20
N	319	506

Der Unterschied ist sehr signifikant in erwarteter Richtung:

$\hat{t} = \hat{z} = 4.77 > z_{.01} = 2.58$ (ss)

Eine Veranschaulichung der ansteigenden Leistungsangst mit abnehmendem Sozialstatus bei beiden Geschlechtern zeigen
a) die Tabelle 23 der Mittelwerte für jede Sozialschichtstufe und
b) die Abbildung 7.

Tabelle 23: Mittelwerte (TASC) für jede Sozialschicht

Sozialschicht	Mädchen	Jungen
1	6.26	6.71
2	6.77	8.08
3	10.17	8.88
4	12.25	9.18
5	13.96	10.92

Varianzanalyse für die Mädchen:

Ursache der Varianz	SAQ	FG	Varianz	F
Zwischen den Gruppen	1 998.63	4	499.66	8.45 (ss)
Innerhalb der Gruppen	24 111.82	408	59.10	

Varianzanalyse für die Jungen:

Ursache der Varianz	SAQ	FG	Varianz	F
Zwischen den Gruppen	355.42	4	88.86	1.85 (ns)
Innerhalb der Gruppen	19 509.25	407	47.93	

Während die Ein-Weg-Varianzanalyse über die Sozialschichten bei den Mädchen zu einem sehr signifikanten Ergebnis führt, trifft dies für die Jungen nicht zu. Der Trend zu höherer Leistungsangst mit abnehmender Sozialschicht ist trotzdem für beide Fälle erkennbar.

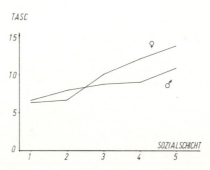

Abb. 7: Zusammenhang zwischen Leistungsangst und Sozialstatus

Bei Verrechnung der sozialschichtspezifischen (dichotomen) Datensätze erwies sich die Sozialschicht als Moderatorvariable. Innerhalb der Mittelschicht war die TASC erwartungswidrig nicht geschlechtsspezifisch ($r = -.04$), während sie in der Unterschicht den üblichen Effekt

Tabelle 24: Produkt-Moment-Korrelationsmatrix für die Mittelschichtskinder (N = 319) (ohne Dezimalpunkte)

		1	2	3	4	5	6	7	8	9	10	11	12	13	14	15	16	17	18	19
PSB 1+2	1																			
PSB 3	2	39																		
PSB 4	3	41	58																	
PSB 5	4	40	24	22																
PSB 6	5	67	30	34	41															
PSB 7	6	21	42	36	18	22														
PSB 8	7	26	29	30	14	27	35													
PSB 9	8	27	26	25	28	25	13	23												
PSB 10	9	08	24	18	27	13	28	25	34											
AzN RE	10	49	44	48	19	38	24	20	28	07										
AzN AN	11	47	47	46	27	41	32	28	26	20	52									
AzN ZR	12	40	52	55	27	35	28	29	34	19	57	54								
AzN SE	13	54	32	32	37	44	21	21	24	15	41	47	37							
AzN IV	14	52	39	42	26	42	22	19	31	18	48	48	45	49						
K-I-V	15	42	39	45	29	35	41	21	26	23	47	47	45	41	51					
E	16	26	09	09	20	21	04	01	16	06	18	12	11	16	26	23				
N	17	-10	-02	-04	-12	-17	-01	-06	-12	-11	-19	-07	-08	-13	-18	-14	-17			
TASC	18	-22	-18	-22	-21	-27	-10	-07	-16	-10	-28	-25	-25	-24	-29	-29	-15	61		
Mutter	19	07	-09	-08	02	-05	-09	0	01	-06	0	10	-02	13	11	05	27	-03	0	
Vater	20	09	-05	-01	08	02	-03	03	06	-03	07	15	07	13	10	15	26	-10	-09	62

Tabelle 25: Produkt-Moment-Korrelationsmatrix für die Unterschichtskinder
(N = 506) (ohne Dezimalpunkte)

		1	2	3	4	5	6	7	8	9	10	11	12	13	14	15	16	17	18	19
PSB 1+2	1																			
PSB 3	2	28																		
PSB 4	3	32	54																	
PSB 5	4	31	18	19																
PSB 6	5	61	26	30	25															
PSB 7	6	18	40	37	10	16														
PSB 8	7	19	34	28	15	21	28													
PSB 9	8	27	18	28	27	23	22	09												
PSB 10	9	03	17	16	19	12	17	12	27											
AzN RE	10	36	39	40	20	31	29	25	35	10										
AzN AN	11	30	34	38	23	25	34	24	21	06	50									
AzN ZR	12	32	46	45	24	27	36	25	32	12	52	47								
AzN SE	13	44	27	28	24	39	36	25	30	14	50	49	41							
AzN IV	14	39	38	34	24	38	20	25	30	12	54	60	48	57						
K-I-V	15	32	35	36	24	30	39	24	24	14	50	54	43	51	58					
E	16	21	15	09	14	17	14	29	12	0	17	18	18	22	23	27				
N	17	-03	03	0	02	-06	0	-01	-09	-01	17	-10	-07	-08	-09	-06	-03			
TASC	18	-13	-05	-13	-09	-18	-08	-05	-20	-07	-24	-23	-18	-28	-25	-24	-14	58		
Mutter	19	-02	-03	05	12	0	0	05	04	05	05	08	07	08	08	08	19	-04	0	
Vater	20	-03	-01	0	04	-04	-02	-06	0	-02	-02	0	03	0	04	-01	18	-08	-04	61

zeigte (r = −.20). Sonst liegen in der Mittelschicht die Korrelationskoeffizienten tendenziell höher als in der Unterschicht, wie aus den beiden – im Ausschnitt wiedergegebenen – Korrelationsmatrizen des 4. Schuljahrs zu entnehmen ist* (Tabelle 24 und 25).

Aus beiden Matrizen geht übrigens eindeutig die negative Korrelation der TASC mit allen Intelligenzuntertests (sowohl PSB als auch AzN), die hohe Beziehung zur Neurotizismus-Skala sowie der fehlende Zusammenhang zum elterlichen Erziehungsstil hervor. Diese Sachverhalte werden weiter unten diskutiert.
Die Koeffizienten wichtiger Variablen, die in den beiden Teilmatrizen nicht vertreten waren, werden hier vergleichend gegenübergestellt*:

Tabelle 26: Sozialschichtvergleich

Variable	Mittelschicht	Unterschicht
PSB-Gesamt	−.28	−.18
AzN-Gesamt	−.34	−.28
Schulnote Deutsch	.30	.22
Schulnote Mathematik	.31	.27
Schulnote Sachkunde	.35	.25

Hier zeigt sich noch einmal die Schichtspezifität der Zusammenhänge zwischen TASC und kognitiven Variablen. Innerhalb der Mittelschicht spielt die Leistungsangst in bezug auf Intelligenz und Schulleistung vermutlich eine größere Rolle. Das mag mit größerer Leistungsorientiertheit bzw. mehr Karrierestreß in der Mittelschicht begründet sein. Insgesamt können die Ergebnisse der Gruppenvergleiche bezüglich Geschlecht, Schulart und Sozialstatus im Rahmen der Konstruktvalidierung als konsistent mit den anderen amerikanischen und deutschen Befunden (s. o.) angesehen werden.

* Während die Verfahren PSB (als Intelligenztest; vgl. HORN 1969) und AzN 4+ (als schulbezogener Intelligenztest; vgl. HYLLA u. a. 1965) genügend bekannt sind, die Buchstaben E und N jeweils die Skalen Extraversion (E 3) und Neurotizismus (N 3) aus der HANES bedeuten (vgl. BUGGLE/BAUMGÄRTEL 1972), seien die Variablen K-I-V, ,,Vater" und ,,Mutter" kurz erklärt. Der K-I-V ist der ,,Kieler Instruktionsverständnistest" (vgl. SCHLEE 1973), dessen Publikation in Vorb. ist. ,,Vater" bedeutet ebenso wie ,,Mutter" die Erziehungsstil-Dimension ,,Unterstützung" des betr. Elternteils, die mit den je 15 Items von STAPF u. a. (1972) erfaßt wurde (vgl. SCHLEE 1974).
* Zur Interpretation der Vorzeichen: je höher die Leistungsangst, desto niedriger die Intelligenz bzw. desto schlechter die Schulzensur.

e) Untersuchungen zur faktoriellen Validität der TASC

Im Kapitel über die instrumentellen Eigenschaften hatte sich herausgestellt, daß – allerdings bei sehr geringer Varianzaufklärung – die TASC vermutlich mehr zwei- als eindimensional ist. Bei allen 2-Faktoren-Lösungen erwies sich der Faktor I „Angst vor schulischer Leistungsprüfung" als dominant gegenüber dem Faktor II „Gefühl der Unterlegenheit und Erwartungsangst".

Neben der internen faktoriellen Validität gilt es nun, einen Beitrag zur externen faktoriellen Validität zu liefern, indem die TASC als eine Variable unter anderen in eine Faktorenanalyse eingehen und dabei nicht mit konträren Merkmalen (z. B. Intelligenz) gemeinsam einen Faktor bilden soll. Solche Faktorenanalysen wurden für das 4. und 10. Schuljahr durchgeführt. (Es wird im Rahmen der gesamten Untersuchung immer dieselbe faktorenanalytische Technik, die weiter oben beschrieben wurde, verwendet.)

Der Faktorenanalyse für das 10. Schuljahr ($N = 133$) wurde die schon dargestellte Korrelationsmatrix (s. o.) zugrunde gelegt. Zuvor wurden die rechnerisch abhängigen Variablen (PSB-Gesamt, CFT-Gesamt, TASC-RASCH-Personenparameter) eliminiert, das Geschlecht (0/1) aber beibehalten, so daß 19 Variablen verblieben. Die ersten neun Eigenwerte waren 3.608, 1.794, 1.524, 1.385, 1.241, 1.180, 1.078, .847, .809. Das Eigenwertdiagramm (S. 61) legt nach dem Scree-Test eine Zwei- oder Drei-Faktoren-Lösung nahe. Die 3-Faktoren-Lösung ergab beim 3. Faktor einen Doublet (nur 2 statt 3 bedeutsame Markiervariablen i. s. von FÜRNTRATT) und wurde daher verworfen. Die 2-Faktoren-Lösung, die leider nur knapp 30% der Varianz aufklärt, hat folgende Ladungsmuster (Tabelle 27).

Der erste Faktor erhält die Bezeichnung „Intelligenz" (wegen der hohen Ladungen der PSB- und CFT-Variablen), der zweite „Energie (drive)", denn er ist charakterisiert durch die Variablen Leistungsmotivation (F 62) und Angst (A-trait und TASC). Der Verdacht auf Methodenfaktoren liegt nahe, ist wohl aber nicht ausreichend begründet. Zwar sind die Variablen des Faktors I objektive Tests und die des Faktors II Fragebogen, doch sprechen die Ladungen der Testvariablen „PSB 9" (Addieren als konzentrierte Tätigkeit) und „Geschlecht" nicht für ein methodisches Artefakt. Es scheint sich hier eher um einen Intelligenz-

Tabelle 27: Faktorenmatrix Varimax-rotiert

Variable	Nr.	1	2	h^2
PSB 1+2	1	+.39	+.00	.15
PSB 3	2	+.72	−.09	.53
PSB 4	3	+.65	−.23	.47
PSB 5	4	+.21	+.18	.07
PSB 6	5	+.58	−.15	.36
PSB 7	6	+.59	−.11	.36
PSB 8	7	+.57	+.10	.33
PSB 9	8	+.12	−.33	.12
PSB 10	9	+.16	+.01	.03
GEFT	10	+.49	−.08	.25
CFT 1	11	+.34	+.12	.13
CFT 2	12	+.41	−.12	.18
CFT 3	13	+.54	+.04	.29
CFT 4	14	+.59	−.11	.36
TASC	15	+.08	+.58	.35
A-State	16	−.26	−.28	.15
A-Trait	17	−.13	+.72	.54
F 62	18	−.17	+.78	.64
Geschlecht	19	−.05	−.32	.10
		3.48	1.93	5.41
		18.32%	10.16%	28.48% der Gesamtvarianz
		64.33%	35.68%	der gemeinsamen Varianz

und einen „Energie-Faktor" zu handeln, womit ein Beitrag zur faktoriellen Validität der TASC gegeben wäre.
Die andere Faktorenanalyse wurde für die 950 Schüler des 4. Schuljahres durchgeführt. Die Korrelationsmatrix (Tabelle 28) enthält die Variablen.

1. PSB 1+ 2
2. PSB 3
3. PSB 4
4. PSB 5
5. PSB 6
6. PSB 7
7. PSB 8
8. PSB 9
9. PSB 10
10. PSB Gesamt
11. AzN Rechnen
12. AzN Analogien
13. AzN Zahlenreihen
14. AzN Satzergänzung
15. AzN Instruktionsverständnis
16. AzN Gesamt
17. K-I-V
18. E (Extraversion)

19. N (Neurotizismus)
20. TASC
21. Mutter-Erziehungsstil
22. Vater-Erziehungsstil
23. Deutsch-Zensur
24. Mathematik-Zensur
25. Sachkunde-Zensur

Für die Faktorenanalyse wurden die rechnerisch abhängigen Variablen 10 und 16 entfernt. Die Eigenwertprozedur ergab: 7.399, 1.852, 1.528, 1.275, 1.156, 1.008, .876, .839, .730, .712. Dadurch wird eine Vier- oder Fünf-Faktoren-Lösung nahegelegt. Die 5-Faktoren-Lösung, die in Tabelle 29 der 4-Faktoren-Lösung gegenübergestellt wird, zeigt drei Doublets, also drei Faktoren, die nur je zwei bedeutsame Markiervariablen haben: der Faktor II („Erziehungsstil"), der Faktor III („Neurotische Angst") und der Faktor V („Wahrnehmungstempo"). Bei der 4-Faktoren-Lösung bleiben die Faktoren II und III mit ihren Doublets stabil (übrigens auch bei einer 3-Faktoren-Lösung), während der Faktor V in die neuen Faktoren I und IV eingeht. Diese Lösung soll als gültig angesehen werden, denn die beiden Doublets sind aufgrund der Merkmalsstichprobe, die hier verwendet wurde, offenbar unvermeidbar. (Die Variablenredundanz spielt hier eine Rolle. TASC/N und Mutter/Vater korrelieren jeweils r = .60, ohne mit anderen Variablen in ähnlich hohem Zusammenhang zu stehen.) Die Dimensionen erhalten die Bezeichnungen:

I Nichtverbale Intelligenz
II Erziehungsstil
III Neurotische Angst
IV Verbalintelligenz und Schulleistung. (Da es sich hier um Schulnoten handelt, liegt die Vermutung nahe, daß sich das Lehrerurteil vorwiegend auf Verbalverhalten stützt – auch in Mathematik).

Für die Interpretation unter dem Aspekt der Konstruktvalidierung der TASC ist hier entscheidend, daß diese Variable faktoriell eindeutig hervortritt und sich nicht (wie z. B. Extraversion) über die vier Dimensionen ohne interpretierbare Lokalisierung verteilt.

f) Leistungsangst und andere Persönlichkeitsvariablen

Im Rahmen der beiden größeren Schulforschungsprojekte wurde zur Erfassung von Neurotizismus und Extraversion die HANES von BUGGLE/BAUMGÄRTEL (1972) eingesetzt. Im 4. Schuljahr wurden die

Tabelle 28: Korrelationsmatrix für das 4. Schuljahr (N = 950) (ohne Dezimalpunkte)

	1	2	3	4	5	6	7	8	9	10	11	12	13	14	15	16	17	18	19	20	21	22	23	24
2	34																							
3	36	58																						
4	37	22	23																					
5	63	29	33	33																				
6	18	39	37	15	18																			
7	23	33	30	16	25	29																		
8	29	22	29	26	24	18	14																	
9	06	19	18	22	12	20	15	29																
10	64	64	64	54	61	03	53	49	48															
11	41	43	44	22	35	26	24	35	10	50														
12	38	41	44	22	32	32	27	25	12	51	51													
13	37	49	50	26	32	32	27	33	14	54	55	52												
14	48	30	32	30	42	24	23	29	15	50	48	50	43											
15	44	41	40	27	41	27	25	28	15	52	53	56	50	56										
16	52	52	53	33	46	35	33	37	17	65	74	83	45	73	79									
17	35	38	41	25	31	38	28	28	15	53	49	49	18	47	56	62								
18	24	16	14	19	19	11	08	14	03	23	20	20	10	22	26	26	28							
19	-06	00	-03	-03	-10	-01	04	-11	-04	-07	-12	-11	-10	-11	-13	-14	-09	-12						
20	-18	-13	-18	-15	-21	-09	-06	-19	-08	-23	-27	-26	-22	-26	-27	-32	-25	-19	60					
21	05	-02	-03	09	00	-02	-02	02	-04	00	05	09	-04	12	12	12	08	19	-04	02				
22	-02	-06	-02	05	-02	-02	-02	02	-04	00	-02	04	04	05	10	05	03	18	-03	-03	60			
23	-49	-26	-30	-37	-47	-21	-17	-33	-13	-49	-42	-50	-41	-53	-55	-61	-42	-27	15	27	-14	-10		
24	-36	-38	-38	-29	-37	-31	-25	-39	-18	-53	-51	-50	-51	-44	-49	-62	-47	-24	13	30	-09	-06	64	
25	-37	-27	-26	-25	-36	-27	-22	-28	-13	-45	-40	-45	-40	-45	-47	-55	-47	-24	16	31	-07	-08	66	64

Tabelle 29a: Varimax-rotierte Faktorenmatrix

	I	II	III	IV	V
1	+.18	+.03	+.06	-.77	+.05
2	+.73	+.07	+.05	-.16	+.15
3	+.70	+.03	+.01	-.20	+.18
4	+.02	-.09	+.05	-.53	+.47
5	+.13	+.08	+.01	-.72	+.12
6	+.63	+.01	+.01	-.01	+.23
7	+.50	-.02	+.15	-.12	+.18
8	+.19	-.01	-.17	-.32	+.54
9	+.14	+.03	-.06	-.01	+.83
10	+.58	+.01	-.18	-.42	-.03
11	+.59	-.07	-.16	-.44	-.05
12	+.66	-.05	-.12	-.34	+.06
13	+.34	-.07	-.13	-.63	+.02
14	+.51	-.07	-.17	-.55	-.03
15	+.59	-.08	-.16	-.38	+.02
16	+.12	-.35	-.17	-.31	+.00
17	+.02	+.05	+.86	+.01	-.04
18	-.13	-.04	+.83	+.18	-.06
19	+.03	-.88	+.04	-.06	-.03
20	-.03	-.87	-.06	-.00	+.02
21	-.21	+.13	+.19	+.76	-.06
22	-.45	+.09	+.24	+.53	-.13
23	-.31	+.09	+.28	+.59	-.03

Skalen N 1 (20 Items) und E 3 (16 Items) verwendet, im 5. Schuljahr die Skalen N 3 (40 Items) und E 3 sowie die Lügenskala (12 Items). Die Dimensionen N und E sollen nach der Theorie von EYSENCK (1970³) orthogonal sein. Nach unseren eigenen Untersuchungen korrelieren die entsprechenden HANES-Skalen miteinander zwischen –.12 und +.16. Nur in einem Fall (5. Schuljahr; N = 463 in der Orientierungsstufe) war der Koeffizient genau .00.
Zunächst werden die Korrelationskoeffizienten zwischen Leistungsangst und *Neurotizismus* dargestellt (alle s. s.).

Tabelle 29b: Varimax-rotierte Faktorenmatrix

PSB 1+2	1	+.15	+.03	+.06	-.78	.64
PSB 3	2	+.74	+.07	+.04	-.20	.59
PSB 4	3	+.71	+.03	-.01	-.24	.56
PSB 5	4	+.11	-.04	+.05	-.55	.31
PSB 6	5	+.12	+.09	+.01	-.73	.55
PSB 7	6	+.67	+.01	-.01	-.04	.45
PSB 8	7	+.52	-.01	+.14	-.15	.31
PSB 9	8	+.31	+.03	-.18	-.35	.25
PSB 10	9	+.35	+.09	-.07	-.04	.13
AzN Rechnen	10	+.52	-.01	-.19	-.45	.51
AzN Analog.	11	+.53	-.08	-.17	-.46	.53
AzN Zahlen.	12	+.63	-.06	-.13	-.37	.56
AzN Satz-E.	13	+.30	-.08	-.13	-.64	.53
AzN Instruk.	14	+.45	-.08	-.18	-.57	.56
K-I-V	15	+.55	-.09	-.17	-.41	.51
Extraversion	16	+.10	-.35	-.17	-.32	.26
Neurotizismus	17	+.03	+.05	+.86	+.02	.74
TASC	18	-.11	-.04	+.83	+.19	.74
E.stil Mutter	19	+.02	-.88	+.05	-.06	.78
E.stil Vater	20	-.03	-.87	-.06	-.00	.76
Deutsch-Note	21	-.18	+.13	+.19	+.77	.68
Mathe-Note	22	-.43	+.09	+.25	+.56	.55
Sachkunde-Note	23	-.27	+.09	+.28	+.61	.55
		3,87	1.75	1.86	4.55	12.05
Abs. Varianz		16.83%	7.61%	8.09%	19.78%	52.39%
Rel. Varianz		32.12%	14.53%	15.44%	37.76%	

Tabelle 30: Neurotizismus/TASC-Korrelationskoeffizienten in verschiedenen Stichproben

4. Schuljahr (N 1)	5. Schuljahr (N 3)
.60 (N = 950)	.54 (N=746, Regelschulwesen)
.61 (N = 319, Mittelschicht)	.53 (N=463, Orientierungsstufe)
.58 (N = 506, Unterschicht)	.45 (N=885, Gesamtschulen)
	.55 (N=270, Hauptschulen)
	.52 (N=366, Realschulen)
	.45 (N=295, Gymnasien)

Diese Befunde sind konsistent mit vielen anderen. Für den FS 5–10 (GÄRTNER-HARNACH 1973, S. 13) wurde ebenfalls eine Korrelation r =.60 mit der N-Skala der HANES ermittelt. Da auch THURNER/TEWES

(1969) für den KAT r =.67 errechneten, liegt die Vermutung nahe, daß die gemeinsame Varianz sowohl der Leistungsangst als auch der Manifesten Angst zu einem Drittel durch Neurotizismus erklärt wird.
Wenn wir die *Extraversion* als eine von Neurotizismus unabhängige Variable betrachten, dürften demnach keine hohen Zusammenhänge zwischen der E-Skala und der TASC auftreten. Die Koeffizienten sind z. T. lediglich statistisch – aber nicht praktisch – bedeutsam (die Reihenfolge der Stichproben ist wie oben):

Tabelle 31: Extraversion/TASC-Korrelationskoeffizienten

4. Schuljahr (E 3)	5. Schuljahr (E 3)
−.19 ss	−.07 ns
−.15 ss	−.05 ns
−.14 ss	−.13 ss
	.07 ns
	.05 ns
	−.10 ns

Die Annahme der praktischen Unbedeutsamkeit hat sich bestätigt. Als Tendenz läßt sich allerdings das überwiegend negative Vorzeichen interpretieren: Wer weniger ängstlich ist, tendiert vielleicht eher zu einer extravertierten Lebensweise. Diese Tendenz wäre vermutlich auf die faktoriell als ,,Gefühl der Unterlegenheit und Erwartungsangst" beschriebenen Items zurückzuführen. Die Ergebnisse sind insgesamt plausibel und können als Beitrag zur Konstruktvalidierung gewertet werden.

Ein wichtiger Aspekt bei der quantitativen Erfassung von Angst mit Hilfe von Fragebogen ist offenbar das Problem der *Defensivität*. Bei direkten Fragen bzw. Selbstreferenzen besteht die Gefahr der Dissimulation seitens solcher Schüler, die ihre Angst nicht eingestehen möchten. Die Defensivität müßte also als Antworttendenz mehr oder weniger in die TASC-Scores mit eingehen. Sofern dieses ,,Response Set" separat gemessen wird, läßt sich der so gewonnene ,,Lügenwert" zu den eigentlichen Rohwerten in Beziehung setzen. Niedrige *negative* Korrelationen (,,je niedriger der Angstscore, desto höher die Defensivität") wären demnach eine Stütze des Konstrukts Angst, sofern letztere z. B. über Selbstreferenzen – wie bei der TASC – erfaßt wird. Entsprechend sind die Befunde mit der Lügenskala im 5. Schuljahr.

Tabelle 32: Korrelation zwischen der TASC und der Lügenskala der HANES

−.07	(N=746, Regelschulwesen)	ns
−.14	(N=463, Orientierungsstufe)	ss
−.10	(N=885, Gesamtschulen)	s
−.14	(N=270, Hauptschulen)	s
−.15	(N=366, Realschulen)	ss
−.11	(N=295, Gymnasien)	ns

Der Trend ist eindeutig im oben beschriebenen Sinne. Einen vergleichbaren Koeffizienten (−.13 ns) fand auch GÄRTNER-HARNACH (1973, S. 13) für den FS 5–10.

Neben der Defensivität läßt sich die damit eng verwandte Variable *Soziale Erwünschtheit* (social desirability) als weitere Antworttendenz separat erfassen. Dies geschah mit Hilfe der SE-Skala des AFS (s. o.) im Rahmen des VDP-Projekts bei 117 Kindern des 4. Schuljahrs. Die Korrelation zwischen der TASC und der Skala SE beträgt in unserem Fall r = −.09 (ns). Dieser Koeffizient ist statistisch nicht signifikant und veranlaßt uns zu der Auffassung, daß die soziale Erwünschtheit nicht verfälschend in die TASC-Rohwerte eingegangen ist. Einen entsprechenden Befund ermittelte GÄRTNER-HARNACH (1973, S. 13).

g) Leistungsangst und Erziehungsstil

Nach SARASON u. a. (1971) müßte sich ein verbotsorientierter elterlicher Erziehungsstil leistungsangstinduzierend auswirken. Für die Stichprobe der Schüler im 4. Schuljahr wurde die Variable „Erziehungsstil" aufgenommen (s. o.). Als Instrument dienten die Marburger Skalen nach STAPF u. a. (1972), die die beiden Dimensionen „Strenge" und „Unterstützung" getrennt nach Vater und Mutter erfassen (vier mal 15 Items). Allerdings konnten die beiden Strenge-Skalen wegen befürchteter Repressionen seitens der Eltern und der Schulverwaltung nicht administriert werden. Für die Skala „Vater/Unterstützung" konnte in unserer Untersuchung eine Split-Half-Reliabilität (mit Korrektur nach Spearman-Brown) von $r_{tt} = .87$, für die Skala „Mutter/Unterstützung" $r_{tt} = .72$ ermittelt werden. Die beiden Skalen korrelierten miteinander r = .60.

Diese beiden Skalen wurden mit der TASC korreliert. Zum Vergleich sind die Angaben von GÄRTNER-HARNACH (1973, S. 14) bezüglich des FS 5–10 angeführt:

Tabelle 33: Angst und Erziehungsstil

	FS 5–10 (10–16jährige)	TASC (4. Schuljahr)
Mutter / Strenge	.26 ss	–
Vater / Strenge	.28 ss	–
Mutter / Unterstützung	.03 ns	.02 ns
Vater / Unterstützung	.03 ns	–.03 ns
	(N = 924)	(N = 950)

Da hinsichtlich der verbliebenen Skalen der Befund repliziert werden konnte, liegt die Vermutung nahe, daß auch bei Verwendung der Strenge-Dimension vergleichbare Ergebnisse hätten gewonnen werden können.

Auf jeden Fall ist hier kein gegen die Konstruktvalidierung sprechender Effekt eingetreten. Der unterstützende Erziehungsstil ist wohl neutral gegenüber der Angstgenese, während elterliche Strenge als eine Determinante unter anderen die Entwicklung von Leistungsangst mitbeeinflussen dürfte.

h) Leistungsangst und Schulleistungen

Es ist aufgrund der meisten Veröffentlichungen anzunehmen, daß niedrigere Schulleistungen mit höherer Angst kovariieren. Es geht nun darum, die mit Hilfe der TASC erfaßte Leistungsangst zu verschiedenen Arten der Schulleistungen und zu verschiedenen Methoden ihrer Quantifizierung in Beziehung zu setzen. Die Untersuchungen stützen sich demnach auf verschiedene Leistungsgegenstände (Schulfächer bzw. Curriculumeinheiten) und zwei Quantifizierungsformen, nämlich auf Schulnoten[*] und auf lehrzielorientierte Tests (zu letzteren vgl. bes. KLAUER u. a. 1972).

Für das 4. Schuljahr wurden die Jahresabschlußnoten (1972/73) in den Fächern Deutsch, Mathematik und Sachkunde registriert. Die schon erwähnten Zusammenhänge mit der TASC (s. o.) seien hier wiederholt (N = 950):

---

[*] Die Problematik der unbefriedigenden metrischen Eigenschaften der Notenskala ist bekannt (vgl. ORLIK 1961; TENT 1969, S. 53 ff.; BREDENKAMP 1972, S. 132). Die praktische Relevanz eindeutiger Befunde wird hier jedoch über skalentheoretische Skrupel gestellt. – Auf die Gütekriterien von Schulnoten als Ausdruck des Lehrerurteils kann hier auch nicht näher eingegangen werden (vgl. HOFER 1969; ULICH/MERTENS 1973; KLEITER 1973; ROYL/SCHWARZER 1974).

Schulfach	TASC
Deutsch	.27 ss
Mathematik	.30 ss
Sachkunde	.31 ss

Es besteht also ein Zusammenhang zwischen der so definierten Schulleistung und der Angst, der sich bei dieser Berechnung als ein gemeinsamer Varianzanteil (r^2) von ca. 9% darstellt. Eine andere Art der Berechnung soll diesen Zusammenhang konkretisieren helfen. Getrennt für die Fächer Deutsch und Mathematik (als den dominanten Auslesefächern) und nach Geschlechtern getrennt wurden vier Ein-Weg-Varianzanalysen über Gruppen von Schülern mit verschiedenen Zensuren gerechnet.

Tabelle 34: Deutschnote und Schulangst:

Zensur	Mädchen N	TASC-Mittelwert	Jungen N	TASC-Mittelwert
1+2	176	8.41	101	6.08
3	175	11.86	173	8.41
4	105	15.74	144	11.53
5+6	26	13.04	50	10.54
	482		468	

Varianzanalyse der Mädchen:

Ursache der Variation	SAQ	FG	Varianz	F
Zwischen den Gruppen	3656.18	3	1218.73	25.94 (ss)
Innerhalb der Gruppen	22454.27	478	46.98	

Varianzanalyse der Jungen:

Ursache der Variation	SAQ	FG	Varianz	F
Zwischen den Gruppen	1961.20	3	653.73	16.94 (ss)
Innerhalb der Gruppen	17903.47	464	38.59	

Bei beiden Geschlechtern sind die Leistungsangstunterschiede zwischen den Zensuren-Gruppen hochsignifikant. Schüler mit höheren Ängstlichkeitswerten erhalten schlechtere Deutschnoten. Diese Aussage impliziert natürlich keine Kausalität. Die Graphik (Abbildung 8) veranschaulicht die Beziehung, indem über den Zensuren-Gruppen die entsprechenden TASC-Mittelwerte eingetragen sind.

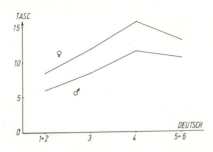

Abb. 8: Zusammenhang zwischen Leistungsangst und Deutschzensur

Tabelle 35: Mathematiknote und Schulangst

Zensur	Mädchen N	TASC-Mittelwert	Jungen N	TASC-Mittelwert
1+2	125	7.81	132	6.78
3	198	11.27	188	9.05
4	119	14.77	111	11.30
5+6	40	14.58	37	10.97
	482		468	

Varianzanalyse der Mädchen:

Ursache der Variation	SAQ	FG	Varianz	F
Zwischen den Gruppen	3367.59	3	1122.53	23.59 (ss)
Innerhalb der Gruppen	22742.85	478	47.58	

Varianzanalyse der Jungen:

Ursache der Variation	SAQ	FG	Varianz	F
Zwischen den Gruppen	1376.41	3	458.80	11.52 (ss)
Innerhalb der Gruppen	18488.26	464	39.85	

Auch hier sind bei beiden Geschlechtern die Leistungsangstunterschiede zwischen den Zensuren-Gruppen hochsignifikant. Schüler mit höheren Ängstlichkeitswerten erhalten schlechtere Mathematiknoten. Die Graphik (Abbildung 9) veranschaulicht diese Beziehung in gleicher Weise wie bei den Deutschnoten.

In allen vier Kurven ist die erwartungswidrig absteigende Tendenz der TASC-Werte bei Schülern mit den Zensuren 5 und 6 auffallend. (Kurvilinearität liegt hier jedoch nicht vor, wie mit Hilfe von Polynomapproximationen festgestellt werden konnte.) Eine mögliche Interpretation

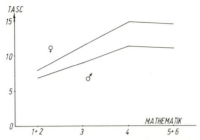

Abb. 9: Zusammenhang zwischen Leistungsangst und Mathematikzensur

wäre die Charakterisierung dieser Schüler als eine relativ homogene Gruppe von „Dauerversagern", die sich nach einer Reihe von Mißerfolgen mit einer deprimierenden schulischen Karriere abgefunden hat. Demgegenüber könnten die Schüler in der Zensuren-Gruppe 4 als „Risikoschüler" bezeichnet werden, die durch ihre marginale Lage schulischen Streß ertragen müssen und ständig in „Furcht vor Mißerfolg" leben, was energetisierend wirkt („drive") und in hohen Leistungsangstwerten zum Ausdruck kommt.

Für die Stichprobe der Schüler im 5. Schuljahr wurden ebenfalls die Schulnoten in Deutsch, Mathematik und Sachkunde registriert, die zum Ende des 4. Schuljahrs vergeben worden waren. Darüber hinaus wurden zu Beginn des 5. Schuljahrs drei Lehrzieltests als „Eingangstests" durchgeführt, um eine möglichst objektive, zuverlässige und gültige Diagnose des „Input" für die Schulversuchsarbeit zu erhalten. Es handelte sich in Analogie zu den oben genannten Schulfächern um Lehrzieltests für Deutsch (DE 501), Mathematik (ME 501) und Weltkunde (WE 500). Die Verfahren sind sorgfältig und mit gutem Ergebnis auf ihre instrumentellen Eigenschaften hin untersucht worden (vgl. ROYL/ JOCHIMSEN 1974).

In der Tabelle 36 werden die Produkt-Moment-Korrelationskoeffizienten zwischen der TASC und den genannten Variablen für die verschiedenen Stichproben des 5. Schuljahrs getrennt aufgeführt. (Die Zusammenhänge sind trotz verschiedener Vorzeichen alle gleichsinnig zu

Tabelle 36: Korrelationen zwischen Angst und Schulleistung in verschiedenen Schularten

Stichprobe: Schulleistungsvariablen	Regelschulwesen N = 746	Orientierungsstufe N = 463	Gesamtschulen N = 885	Hauptschulen N = 270	Realschulen N = 366	Gymnasien N = 295
Deutschnote	.35 ss	.42 ss	.23 ss	.17 ss	.12 s	.16 ss
Mathematiknote	.33 ss	.42 ss	.20 ss	.19 ss	.12 s	.13 s
Sachkundenote	.30 ss	.32 ss	.17 ss	.19 ss	.09 ns	.07 ns
DE 501	-.32 ss	-.33 ss	-.22 ss	-.11 ns	-.12 s	-.08 ns
ME 501	-.29 ss	-.36 ss	-.20 ss	-.08 ns	-.12 s	-.12 ns
WE 500	-.26 ss	-.35 ss	-.18 ss	-.02 ns	-.11 s	-.10 ns

interpretieren, da bei der Notenskala ein höherer Wert einer niedrigeren Leistung entspricht.) Die Annahme eines Zusammenhangs zwischen Leistungsangst und Schulleistung i. S. einer umgekehrten Beziehung läßt sich durch diese Koeffizienten stützen, die zwar niedrig sind – denn im besten Fall lassen sich nur 17,6% gemeinsame Varianz aufdecken –, aber alle in die gleiche Richtung weisen. Entsprechend der bisherigen Schulangstforschung gehen also hohe Angstwerte mit niedrigen Leistungen einher. Es ist zu vermuten, daß nicht die Angst monokausal leistungsmindernd wirkt, sondern daß die Angst als eine unter vielen schulleistungshemmenden Determinanten in einem Interdependenzverhältnis zur Leistung steht (circulus vitiosus).

Die Koeffizienten für Hauptschule, Realschule und Gymnasium fallen übrigens zu niedrig aus, weil wegen irrepräsentativer Variabilität eine Streuungsverringerung eintritt, die die Höhe der Korrelation beeinträchtigt. Als Anhaltspunkte nehme man daher am besten die Koeffizienten der ersten drei Spalten.

i) Leistungsangst und Intelligenz

Ebenso wie für den Schulleistungsbereich werden relativ niedrige und negative Korrelationskoeffizienten zwischen Tasc-Werten und Intelligenzwerten erwartet, wenn man die theoretischen Annahmen der YALE-Gruppe und frühere Untersuchungen zum Ausgangspunkt nimmt. Als Intelligenztestverfahren wurden in den drei Projekten das PSB (4., 5. und 10. Schuljahr), der AzN 4+ (4. Schuljahr) und der CFT 3 (10. Schuljahr) verwendet (s. o.). Neben den Gesamtrohwerten wurde auch jeweils die differenzierte Untertestinformation mitverrechnet (vgl. auch die schon dargestellten Mittelschicht- und Unterschicht-Korrelationsmatrizen). Eine synoptische Tabellierung der Korrelationskoeffizienten wird gemeinsam für die verschiedenen Intelligenzmaße und die verschiedenen Stichproben gegeben (Tabelle 37; ohne Dezimalpunkte).

Das erwartete Ergebnis ist eingetroffen: alle Koeffizienten sind als niedrig zu bezeichnen, und alle signifikanten Koeffizienten weisen in die negative Richtung. Höhere Ängstlichkeit geht demnach tendenziell mit niedriger Intelligenz einher. Das gilt besonders für die AzN-Korrelationen, was mit der stärkeren Schulbezogenheit der AzN-Items erklärt werden könnte. Im 10. Schuljahr ist kein Koeffizient signifikant von

Null verschieden. Das mag zum einen daran liegen, daß vielleicht das Alter hier als Moderator wirksam wird; zum anderen ist zu berücksichtigen, daß hier – wie in den drei Spalten davor – eine irrepräsentative Va-

Tabelle 37: Korrelationen zwischen Intelligenz und Leistungsangst:

Intelligenz-variable	\multicolumn{8}{c}{Stichproben}							
	4. Schj.	10. Schj.	\multicolumn{5}{c}{5. Schuljahr}		
			Gesamt-schulen	Orien-tierungs-stufe	Regel-schulen	HAU	REA	GYM
	N=950	133	885	463	746	270	366	295
PSB 1+2	−18	−02	−19	−29	−25	−07	−12	−04
PSB 3	−13	0	−20	−26	−15	−11	−08	−06
PSB 4	−18	−06	−11	−26	−24	−09	−03	−08
PSB 3+4		−08	−17	−32	−24	−12	04	−08
PSB 5	−15	04	−12	−08	−14	−03	−01	−06
PSB 6	−21	−11	−17	−19	−22	02	−10	−06
PSB 5+6			−18	−16	−22	0	−06	−09
PSB 7	−09	0	−14	−13	−09	−08	04	−04
PSB 8	−06	07	−11	−18	−13	−15	04	−05
PSB 7+8			−15	−18	−13	−13	03	−05
PSB 9	−19	−11	−07	−17	−18	−02	−11	−09
PSB 10	−08	05	−05	02	−05	04	04	−09
PSB 9+10			−06	−06	−12	02	−02	−10
PSB-Gesamt	−23	0	−21	−29	−26	−10	−04	−12
AzN Rechnen	−27							
AzN Analogien	−26							
AzN Zahlenreih.	−22							
AzN Satzergänz.	−26							
AzN Instruktion	−27							
AzN-Gesamt	−32							
CFT Serien		05						
CFT Klassifikat.		−10						
CFT Matrizen		−07						
CFT Topologien		09						
CFT-Gesamt		−01						
Signifikanzschranken:								
1%-Niveau	.084	.223	.087	.12	.094	.157	.134	.15
5%-Niveau	.062	.17	.062	.09	.08	.115	.11	.11

riabilität vorliegt, denn es handelt sich bei diesen Handelsschülern lediglich um Hauptschulabgänger.

Die Koeffizienten dieses Kapitels decken sich wieder mit denen anderer Untersuchungen (s. o.) und können daher gleichfalls als Element in der Konstruktvalidierung gelten. Kritisch bleibt zu fragen, ob die allgemein übliche Methode der Berechnung einfacher Korrelationen überhaupt das geeignete Verfahren ist, um die wirklichen Relationen zwischen Angst und Intelligenz aufzudecken. Selbst wenn beide Variablen nicht bedeutsam kovariieren, können trotzdem bedeutsame differentielle Effekte auftreten, wie z. B. die von DENNY und GAUDRY/FITZGERALD (s. o.) untersuchten Angst-Intelligenz-Interaktionen (AII). Eine solche Prüfung auf Wechselwirkung soll weiter unten vorgenommen werden.

j) Die Prognose des Lernerfolgs mit Hilfe der Leistungsangst als Variable im Rahmen multipler Vorhersagen

Nachdem sich in der erziehungswissenschaftlichen Forschung herausgestellt hat, daß die Vorhersage von Lern- bzw. Schulerfolg mit Hilfe eines Intelligenzwertes nur geringfügig möglich ist, weil im allgemeinen nur ca. 25% der Kriteriumsvarianz aufgeklärt werden, ist man dazu übergegangen, die Prognose durch eine lineare Kombination von Variablen zu erhöhen (vgl. TENT 1969) und dabei auch nichtkognitive Variablen zu verwenden (vgl. BARTON/DIELMANN/CATTELL 1972).

Da Angst einen – wenn auch geringen – Teil der Schulleistungsvarianz aufklärt, stellt sich uns die Frage, ob ein Leistungsangstfragebogen in einer Testbatterie die Prognose des Lernerfolgs erhöhen kann. Dieser Frage wird mit Hilfe der multiplen linearen Regressionsanalyse nachgegangen (vgl. McNEMAR 1969[3]). Die TASC wird dabei mit anderen Prädiktoren kombiniert. Als Kriteriumsvariablen dienen die Schulnoten bzw. die Lehrzieltests. Der multiple Korrelationskoeffizient R bzw. das multiple Bestimmtheitsmaß B (= R^2) geben die Höhe der Vorhersage an; die Beta-Gewichte die Rangordnung der Prädiktoren für diese Prognose. (Es wurden einige Hundert Regressionsanalysen durchgeführt, von denen verständlicherweise hier nur Beispiele wiedergegeben werden können. Es werden nur solche Ergebnisse dargestellt, die gleichzeitig an anderen Stichproben repliziert worden sind.)

Zunächst ist festzustellen, welche Position die Leistungsangst im Vergleich zu den anderen erhobenen nichtkognitiven Variablen einnimmt.

Vorwegnehmend sei gesagt, daß die TASC in allen Fällen der beste Prädiktor innerhalb dieser Gruppe war. Zur Veranschaulichung einer solchen linearen Kombination von nichtkognitiven Prädiktoren dient ein Beispiel aus dem Regelschulwesen (N = 746) des 5. Schuljahrs. Neben der TASC waren die Neurotizismus-, die Extraversions- und die Lügenskala der HANES (N3, E3, L) sowie der Sozialstatus unabhängige, die Deutsch-, Mathematik- und die Sachkundenote und die lehrzielorientierten Tests DE 501, ME 501 und WE 500 (s. o.) abhängige Variablen. Unter den multiplen Korrelationskoeffizienten R ist die multiple Bestimmtheit R^2 angegeben, die als relativer Anteil der Varianzaufklärung interpretiert werden kann.

Tabelle 38: Multiple Regressionsanalysen

Beta-Gewichte der Prädiktoren   R und R^2 der Kriterien

TASC	N 3	E 3	L	Soz	Deutsch	Mathe	Sachkunde	DE	ME	WE
.38	.02	−.18	−.01	.21	.51					
					.256					
.42	−.05	−.09	−.04	.19		.47				
						.225				
.28	.01	−.15	−.01	.19			.40			
							.158			
−.30	.01	.22	−.03	−.21				.45		
								.207		
−.34	0	.08	0	−.17					.41	
									.167	
−.31	−.03	.18	−.02	−.24						.47
										.217

Die multiplen Korrelationskoeffizienten sind alle sehr signifikant. Die TASC ist – wie man an den Beta-Gewichten sieht – in jeder Gleichung dominant. Diese nichtkognitive Prädiktorkombination bringt für die Schulleistungsprognose demnach ungefähr soviel wie sonst ein Intelligenzgesamtwert. Interessant wird daher nun die Verbindung nichtkognitiver Variablen mit dem PSB-Gesamtwert.

Die Tabelle 39 zeigt für die kooperative Orientierungsstufe (N = 463) eine solche Berechnung.

Tabelle 39: Multiple Regressionsanalysen
Beta-Gewichte der Prädiktoren   R und R^2 der Kriterien

PSB	TASC	E 3	SOZ	Deutsch	Mathe	Sach-kunde	DE	ME	WE
−.41	.29	−.13	.15	.63					
				.402					
−.37	.30	−.04	.14		.59				
					.345				
−.35	.19	−.11	.14			.52			
						.268			
.55	−.15	.15	−.14				.69		
							.472		
.57	−.19	.01	−.09					.67	
								.451	
.38	−.22	.14	−.18						.59
									.347

Hier wird erheblich mehr Schulleistungsvarianz aufgeklärt, was offensichtlich auf die Verbindung von Intelligenz und Angst als Prädiktoren zurückzuführen ist. Während das PSB in allen Fällen das höchste Beta-Gewicht aufweist, erhält das TASC das zweithöchste. Ein weiterer Effekt läßt sich dieser Analyse entnehmen. Für die *Schulnoten* in Deutsch und Mathematik erhält die TASC relativ zum PSB die höchsten Gewichte; bei den *lehrzielorientierten Tests* in Deutsch und Mathematik sind die PSB-Gewichte besonders hoch. Dieser Sachverhalt wird dahingehend interpretiert, daß für die Bewältigung von Tests, die in ziemlich entspannter Atmosphäre zu Beginn des 5. Schuljahrs geschrieben werden, die Intelligenz von dominanter Bedeutung ist, während bezüglich der ausleserelevanten Schulnoten zum Ende des 4. Schuljahrs die Leistungsangst eine relativ große Rolle spielt.

Da das PSB – orientiert an der multiplen Faktorentheorie von THURSTONE – neben einem globalen Intelligenzwert vor allem die Verwendung von Untertestwerten nahelegt, mit denen intellektuelle Primärfähigkeiten erfaßt werden (vgl. HORN 1969; HELLER 1973), sollen für die eben genannten Schulnoten zwei entsprechend differenzierte Regressionsanalysen dargestellt werden (Tabelle 40).

Tabelle 40: Multiple Regressionsanalysen

Prädiktoren:	PSB 1+2	−.37	−.14
	PSB 3+4	−.15	−.25
	PSB 5+6	−.05	.02
	PSB 7+8	−.04	−.14
	PSB 9+10	−.04	−.06
	TASC	.23	.26
	Extraversion	−.09	−.05
	Sozialstatus	.12	.11
Kriterien:	Deutschnote	.68	(multiple Korrelation)
		.469	(multiple Bestimmtheit)
	Mathematiknote	.61	(multiple Korrelation)
		.376	(multiple Bestimmtheit)

Es zeigt sich, das der PSB 1+2 (Verbalität) für die Deutschnote und der PSB 3+4 (schlußfolgerndes Denken) für die Mathematiknote ausschlaggebend sind. In beiden Fällen – und das ist hier von Bedeutung – ergibt sich nicht etwa eine weitere Intelligenzvariable als nächstbester Prädiktor, sondern die Leistungsangst erscheint für die Deutschnote als zweitwichtigster Prädiktor und für die Mathematiknote als gleichbedeutend mit der Intelligenzvariablen.

Während bisher die Position der TASC innerhalb der Prädiktormenge anhand der Beta-Gewichte betrachtet wurde, soll nun der Zuwachs an multipler Bestimmtheit durch Hineinnahme der TASC in diese Menge untersucht werden. Dafür wurde der Datensatz des 4. Schuljahrs (N = 950) verwendet. (Die Differenz zweier multipler Korrelationskoeffizienten wurde nach folgender Formel geprüft (vgl. McNEMAR 1969[3], S. 321; COHEN 1968, S. 435):

$$F = \frac{(R_1^2 - R_2^2) / (m_1 - m_2)}{(1 - R_1^2) / (N - m_1 - 1)}$$

bei $df_1 = m_1 - m_2$ und $df_2 = N - m_1 - 1$.)

Als Kriteriumsvariablen dienten wieder die Schulnoten in Deutsch, Mathematik und Sachkunde. Als Auswahl werden je zwei Berechnungen vorgestellt:

a) In der ersten Gleichung waren der PSB-Gesamtwert, die Extraversion und der Erziehungsstil des Vaters die Prädiktoren; in die zweite Gleichung ging die Angst zusätzlich mit ein:

	Deutsch	Mathematik	Sachkunde
R (R²) ohne TASC	.52 (.276)	.54 (.295)	.47 (.225)
R (R²) mit TASC	.54 (.294)	.57 (.323)	.51 (.262)

b) In der ersten Gleichung dienten die 10 Untertests des PSB als Prädiktoren; in der zweiten zusätzlich die TASC:

	Deutsch	Mathematik	Sachkunde
R (R²) ohne TASC	.59 (.347)	.57 (.327)	.49 (.238)
R (R²) mit TASC	.60 (.361)	.59 (.352)	.53 (.278)

In allen Fällen sind die Differenzen sehr signifikant. Sogar die Differenz von $R_1 = .59$ und $R_2 = .60$ ist bei so vielen Personen statistisch sehr signifikant, obwohl der Gewinn an Varianzaufklärung durch die TASC hier nur 1,4% beträgt. Die praktische Bedeutsamkeit der Leistungsangst als Lernerfolgsprädiktor ist bei diesen Rechnungen im 4. Schuljahr geringer als erwartet. Trotzdem wird man aufgrund der in diesem Kapitel dargestellten Ergebnisse in Zukunft auf eine solche Variable aus dem nichtkognitiven Bereich nicht mehr verzichten mögen, wenn es darum geht, Schulerfolgsprognosen zu stellen.

k) Leistungsangst als Moderatorvariable

Aufgrund der bei SARASON u. a. (1971) beschriebenen theoretischen Annahmen läßt sich vermuten, daß die Beziehungen zwischen diversen Variablen untereinander von der Angst als einer Moderatorvariablen beeinflußt werden können. So wird vor allem angenommen, daß die Vorhersage von Schulleistungen aus Intelligenzwerten bei Niedrigängstlichen (NÄ) besser gelingt, weil Hochängstliche (HÄ) eher daran gehindert werden, ihre intellektuelle Kompetenz in aufgabenbezogene Leistung zu übertragen.

GÄRTNER-HARNACH (1973, S. 12) konnte dies für Leistungen in Mathematik und Deutsch bei 234 Kindern empirisch bestätigen. Wir prüfen diese Annahme noch einmal nach Geschlechtern getrennt bei 950 Kindern im 4. Schuljahr für 9 Kriteriumsvariablen. Als Prädiktoren dienen die zehn Subtests des PSB (d. h. also neun Prädiktoren, denn die Subtests 1+2 sind immer kombiniert), als Kriterien die sechs AzN-Variablen und die Schulnoten in Deutsch, Mathematik und Sachkunde. Die Mädchen und die Jungen werden jeweils in die zwei Gruppen der

Niedrigängstlichen und der Hochängstlichen aufgeteilt. Dabei erhielten sie folgende Kennwerte in der TASC:

Tabelle 41: Extremgruppenbildung

	Mädchen		Jungen	
	NÄ	HÄ	NÄ	HÄ
$\overline{X}$	5.19	17.33	4.01	14.93
s	3.04	4.98	2.54	4.47
N	231	251	250	218

Anschließend wurde für jede der vier Gruppen getrennt eine multiple Regressionsanalyse mit der genannten Prädiktorenkombination gerechnet. Dabei konnten 36 multiple Korrelationskoeffizienten (R) ermittelt werden. Auf die Wiedergabe der Beta-Gewichte wird aus Gründen der Übersichtlichkeit verzichtet. Dezimalpunkte werden weggelassen. Alle R sind sehr signifikant von Null verschieden.

Tabelle der multiplen Korrelationskoeffizienten für hoch- und niedrigängstliche Mädchen und Jungen:

	Mädchen		Jungen	
Kriterium	NÄ	HÄ	NÄ	HÄ
AzN Rechnen	631	471	578	578
AzN Analogien	629	587	542	464
AzN Zahlenreihen	679	595	633	535
AzN Satzergänzung	589	557	586	528
AzN Instruktion	666	550	584	498
AzN Gesamt	775	701	712	628
Schulnote Deutsch	669	574	569	572
Schulnote Mathe	601	548	537	582
Schulnote Sachkunde	533	475	486	440

Der Trend ist eindeutig erkennbar und konsistent mit den Befunden von GÄRTNER-HARNACH und den theoretischen Annahmen von SARASON. Bei Niedrigängstlichen läßt sich die Leistung tendenziell besser aus den Intelligenzwerten vorhersagen als bei Hochängstlichen – und dies mehr bei Mädchen als bei Jungen. Allerdings ist der Unterschied der jeweils zwei multiplen Korrelationskoeffizienten nur bei den Mädchen und nur bei den Kriteriumsvariablen „AzN Rechnen" und „AzN Instruktionsverständnis" statistisch signifikant (5%-Niveau; zweiseitig). Zusätzlich erfolgte eine verteilungsfreie Prüfung der Differenzen der jeweils zwei

Stichproben mit dem Vorzeichentest. Bei den Mädchen sind alle Vorzeichen gleich (s. s.), und bei den Jungen geht nur in sechs von neun Fällen das Vorzeichen in dieselbe Richtung (n. s.). Entsprechend soll nur für die Mädchen die Leistungsangst als eine Moderatorvariable angesehen werden.

l) Angst-Intelligenz-Interaktionen (AII)

Im theoretischen Teil wurde auf die Annahme einer sowohl das Lernen hemmenden als auch fördernden Wirkung der Angst eingegangen. Die bisherige Forschungspraxis hat jedoch fast immer eine leistungshemmende Wirkung erbracht, sofern lediglich Haupteffekte untersucht wurden. Bei zusätzlicher Berücksichtigung einer anderen leistungsrelevanten Variablen besteht die Möglichkeit der Prüfung auf Wechselwirkung beider Variablen. Diesen Fall der Angst-Intelligenz-Interaktion haben DENNY und GAUDRY/FITZGERALD z. T. mit Erfolg empirisch überprüft.

Die zugleich Hochängstlichen (HÄ) und Hochintelligenten profitierten bei den Konzepterwerbsaufgaben am besten, die zugleich Niedrigängstlichen (NÄ) und Niedrigintelligenten waren besser als die HÄ mit niedriger Intelligenz. Im Prinzip wird bei dieser Interaktion also erwartet, daß HÄ bei hoher Intelligenz begünstigt und bei niedriger Intelligenz benachteiligt werden, während die NÄ bei niedriger Intelligenz relativ (!) begünstigt werden.

Für die vorliegende Untersuchung konnten solche Interaktionsprüfungen im 4. und 10. Schuljahr vorgenommen werden. Dabei wurden Zwei-Weg-Varianzanalysen mit den Faktoren TASC (2 Stufen) und PSB-Gesamtwert (2 Stufen) gerechnet. Als Variante wurden sukzessive die übrigen kognitiven Variablen der Datensätze verwendet.

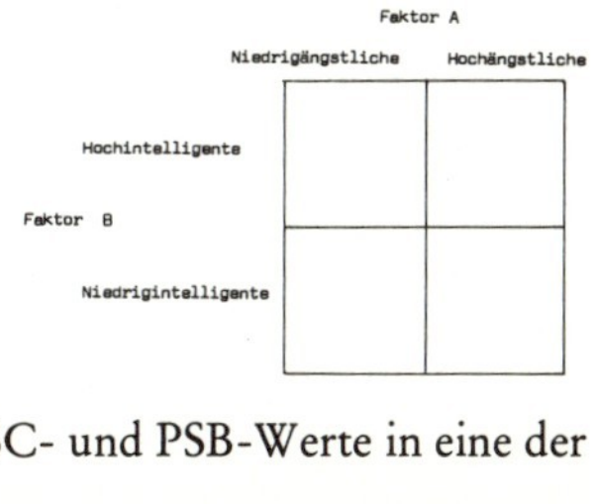

	Faktor A	
	Niedrigängstliche	Hochängstliche
Hochintelligente		
Niedrigintelligente		

Abbildung 10: Das 2×2-Design

Die Schüler wurden aufgrund ihrer TASC- und PSB-Werte in eine der vier Zellen klassifiziert.

Für das 10. Schuljahr ergab sich eine Zellenbesetzung von n= 27 Personen. Die Orthogonalität der beiden Faktoren war gegeben: r = 0 (s. o.). Für den CFT-Untertest 3 war die Interaktion nur auf dem 10%-Niveau, für den CFT-Gesamtwert aber auf dem 5%-Niveau signifikant:

SAQ	FG	Varianz	F
78.37	1	78.37	5.24

$\hat{F} = 5.24 > F_{.05,1,104} = 3.94$

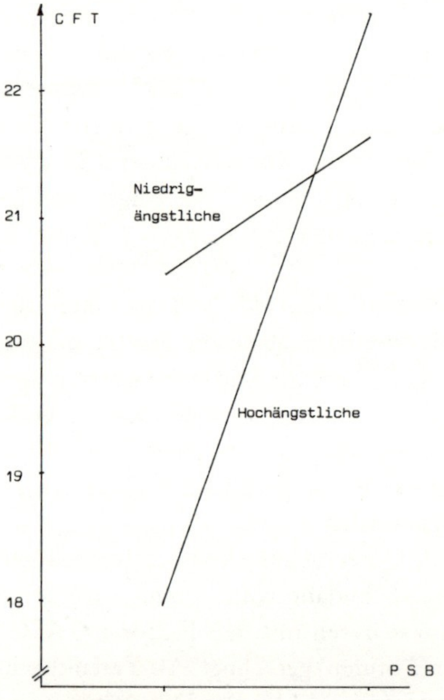

Niedrigintelligente Hochintelligente

Abb. 11: Graphik der Angst-Intelligenz-Interaktion im 10. Schuljahr

Die Abbildung 11 läßt die Ähnlichkeit mit den Befunden von DENNY leicht erkennen. Hohe Angst fördert bei den Hochintelligenten offenbar die CFT-Leistung und hemmt sie bei den Niedrigintelligenten. Pädagogisch ist dieser schöne Befund allerdings weniger interessant, denn die Kriteriumsleistung ist hier keine direkt schulbezogene Aufgabe, sondern eine Intelligenzleistung – wenn auch eine andere als die vom PSB verlangte.

Für das 4. Schuljahr wurde die Berechnung wieder nach Geschlechtern getrennt. Bei den Mädchen konnten die vier Zellen mit je n = 106 besetzt werden, bei den Jungen mit je n = 96. Wegen leichter Verletzung der Orthogonalität (r = .23) werden nur Effekte auf dem 1%-Niveau interpretiert. Solche Interaktionen treten bei den Mädchen für die Variate „AzN Rechnen" und „AzN Instruktionsverständnis" auf:

a) AzN Rechnen als Kriterium

SAQ	FG	Varianz	F
28.54	1	28.54	7.70

$\hat{F} = 7.70 > F_{.01,1,420} = 6.72$ (ss)

b) AzN Instruktionsverständnis als Kriterium

SAQ	FG	Varianz	F
50.27	1	50.27	7.71

$\hat{F} = 7.71 > F_{.01,1,420} = 6.72$ (ss)

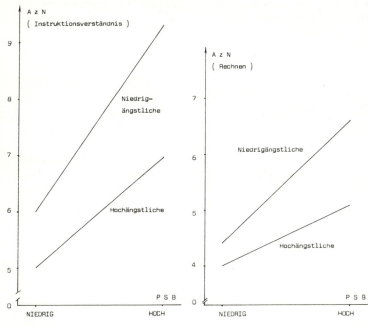

Abb. 12: Angst-Intelligenz-Interaktion bezüglich der Variablen AzN-Rechnen

Abb. 13: Angst-Intelligenz-Interaktion bezüglich der Variablen AzN-Instruktionsverständnis

Interaktionstendenzen lagen vor für:

AzN Zahlenreihen	(5%-Niveau)	Schulnote Deutsch	(10%-Niveau)
AzN Gesamt	(5%-Niveau)	Schulnote Mathematik	(10%-Niveau)

Bei den Jungen gab es in keinem Fall eine signifikante Interaktion. Die Abbildungen 12 und 13 der beiden Interaktionen für „AzN-Rechnen" und „AzN Instruktionsverständnis" zeigen allerdings zwei Phänomene:

a) es handelt sich um ordinale statt um disordinale Interaktionen* und
b) die Effekte sind erwartungswidrig: die NÄ erreichen in jedem Fall höhere Werte auf der Kriteriumsvariablen, und zwar um so mehr, je weniger ängstlich und mehr intelligent sie sind.

Diese Ergebnisse entsprechen der herkömmlichen Auffassung von der Angst als einer leistungsmindernden Variable. Die vier oben genannten Interaktionstendenzen auf dem 5%- und 10%-Niveau geben graphisch das gleiche Bild.

Unsere empirischen AII-Untersuchungen sind also widersprüchlich. Im 10. Schuljahr trat ein erwarteter Effekt auf; im 4. Schuljahr traten erwartungswidrige Interaktionen bei den Mädchen auf. Bei den Jungen gab es keine Wechselwirkungen zwischen Angst und Intelligenz. Die Frage bedarf daher weiterer Erforschung.

Wechselwirkungen sind überhaupt in der Pädagogik von großer Bedeutung und sollten daher stärker in den Mittelpunkt des Interesses gerückt werden. Das gilt besonders für den schulpraktisch relevanten Fall einer Interaktion zwischen Lehrmethoden und Merkmalen der Lernenden, wie z.B. KLAUER (1969) und amerikanische Erziehungswissenschaftler in den letzten Jahren gezeigt haben (vgl. SCHWARZER/STEINHAGEN 1975).

---

* Vgl. dazu BRACHT/GLASS (1968), die für diese Unterscheidung strenge Maßstäbe anlegen und Interaktionen nur dann als disordinal anerkennen, wenn eine Prüfung mit der Johnson-Neyman-Technik erfolgt ist.

IV. Zusammenfassung und Ausblick

Schulangst ist in der Erziehungswissenschaft ein Gegenstand, dessen theoretische und praktische Bedeutung bisher offenbar unterschätzt worden ist. Dabei ist Angst eine Alltagserscheinung, die alle Menschen aus persönlicher Erfahrung kennen. Wir erleben innere oder äußere Reize als eine Bedrohung, empfinden sie als unangenehm und reagieren mit gespannter Unruhe und körperlichen Begleiterscheinungen. Angst ist eine von vielen Variablen, die unser Verhalten gegenüber der Umwelt mitbedingt. Dies gilt besonders für soziale oder leistungsfordernde Situationen.
Die Schule ist eine Institution, in der die Leistungsforderung in Verbindung mit sozialer Kontrolle einen Dauerzustand darstellt. Schüler werden täglich geprüft (nicht nur, wenn Klassenarbeiten geschrieben werden), denn der Lehrer erwartet für seinen beruflichen Einsatz die ständige Erfolgsrückmeldung seines Tuns anhand der Lernleistungen. Sofern diese Situation von den Schülern als psychische Dauerbelastung erlebt wird, reagieren sie mit Leistungsangst.
In der vorliegenden Arbeit sollte die Bedeutung der Leistungsangst für die Schule untersucht werden. Dazu wurde die zugängliche Literatur aufgearbeitet und in komprimierter Weise referiert, um dem Leser für den nachfolgenden empirischen Teil einen vorläufigen Bezugsrahmen zu liefern.
Zunächst wurde die Vielfalt der Erklärungsansätze mit den jeweiligen historischen Bezügen dargestellt. Die für die Pädagogik wichtigen Denkanstöße kamen vor der Jahrhundertwende aus der Philosophie, der Theologie und vor allem aus der Psychoanalyse. Während seit der

Mitte dieses Jahrhunderts die Angstforschung im Rahmen der Lern- und Motivationspsychologie einen großen Aufschwung nahm, hat sich die deutschsprachige Pädagogik bis vor kurzem rückwärtsblickend an den traditionellen, wissenschaftsmethodisch kaum fundierten Auffassungen orientiert. Charakteristisch für die z. Z. sichtbare Zunahme empirisch begründeter Aussagen über Angst und insbesondere über Leistungsangst in der Schule ist die vorangegangene oder gleichzeitige Publikation von psychometrischen Verfahren zur Erfassung dieser Variablen. Das war auch in den USA schon vor zwei Jahrzehnten der Fall. Daran zeigt sich die Bedeutung der pädagogischen Diagnostik als Auslöser für empirische Arbeiten, die ihrerseits wiederum auf pädagogische Praxis einwirken.

In einem weiteren Kapitel wurde die wissenschaftliche Erforschung der Angst von der oberflächlichen Betrachtung der Angst als Alltagserscheinung abgehoben. Es gibt eine Vielzahl von theoretischen Ansätzen, die fast alle in den letzten beiden Jahrzehnten ausformuliert worden sind. Im Drive-Modell von SPENCE und TAYLOR wird das Erregungspotential, auf dem das nachfolgende Verhalten beruht, als Produkt von gelernten Reaktionstendenzen und dem Antrieb (Angst) angesehen. Es ließ sich experimentell nachweisen, daß Hochängstliche beim Signallernen schneller lernten als Niedrigängstliche. Für komplexe Aufgaben war dies jedoch nicht der Fall. Im Habit-Interferenz-Modell von MANDLER und SARASON wird das Lernverhalten mit Hilfe komplizierter Beziehungen zwischen aufgabenbezogener und angstbezogener Energie sowie intervenierender Reaktionen erklärt. In den entsprechenden Untersuchungen zeigt sich fast immer ein lernerfolgsmindernder Einfluß von Leistungsangst bei schulischen Aufgaben. Ein weiteres Modell ergibt sich aus der Leistungsmotivationsforschung seit ATKINSON, in der Leistungsangst als „Furcht vor Mißerfolg" bezeichnet und als eine motivationale Variable betrachtet wird. Darauf aufbauend entwickelten HECKHAUSEN, MEYER und WEINER eine Theorie der Kausalattributierung, nach der ein Schüler z. B. dann leistungsängstlich werden kann, wenn er Mißerfolge sich selbst und Erfolge dem Zufall zuschreibt. Schließlich ist die faktorenanalytische Angstforschung der Gruppe um CATTELL von besonderer Bedeutung. Bei ihm ist Angst eine grundlegende Dimension der Persönlichkeit, da sich ein entsprechender Faktor nachweisen ließ. Dieser Angstfaktor wird mit Begriffen aus der FREUDschen Lehre beschrieben wie: Triebspannung, Ich-Schwäche und Schuldgefühle. CATTELL hat besonders auf den Unterschied zwischen der Angst als einem augenblicklichen Zustand und der Angst als einem überdauernden Persönlichkeitsmerkmal aufmerksam gemacht. Diese Unterscheidung wird von SPIELBERGER aufgenommen und zu einer expliziten Theorie der Zustands- und Eigenschaftsangst erweitert. Es gibt also viele Erklärungsansätze, aber keine allgemeingültige Theorie der Schulangst. Das hindert die erziehungswissenschaftliche Forschung nicht daran, die Reaktionen von Schülern auf Leistungssituationen empirisch zu untersuchen. Angst ist ein Konstrukt, dessen Operationalisierung in solchen Fällen meist instrumentell, also durch den Einsatz eines Fragebogens erfolgt. Es gibt eine große Menge solcher Angstskalen insbesondere von amerikanischen Autoren, doch bis vor kurzem (zum Zeitpunkt dieser Untersuchung) kein deutschsprachiges Verfahren zur Erfassung von Leistungsangst in der Schule.

Für den empirischen Teil der vorliegenden Arbeit verwendeten wir eine deutsche Übersetzung der populären „Test Anxiety Scale for Children" (TASC), die wir im Anhang eines Zeitschriftenartikels von NICKEL u. a. (1973) fanden. Im Rahmen mehrerer Schulforschungsprojekte in Schleswig-Holstein in 4., 5. und 10. Klassen kam dieser Fragebogen zum Einsatz. Ca. 3 500 TASC-Protokolle wurden ausgewertet und deren Ergebnisse gemeinsam mit anderen Variablen verrechnet. Zuerst wurden die psychometrischen Eigenschaften des Instruments ermittelt. Die TASC erwies sich dabei als ein zuverlässiges und gültiges Verfahren zur Erfassung der Schul- und Leistungsangst als einer überdauernden Verhaltensdisposition.

Im weiteren Verlauf der Untersuchung konnten wichtige Ergebnisse bezüglich des Zusammenhangs von Leistungsangst und sozio-ökonomischem Status, Schulleistungen und Intelligenz gewonnen werden. Schulangst hat sich als abhängig vom *Sozialstatus* erwiesen. Unterschichtkinder erreichen bedeutend höhere Angstwerte als Mittelschichtkinder. Die Kausalitätsannahme ist hier zulässig, denn der Sozialstatus kann ja keine abhängige Variable der Angst oder anderer Persönlichkeitsmerkmale der Kinder sein. Allerdings sind die Begriffe Mittelschicht und Unterschicht auf einem hohen Abstraktionsniveau und bedürfen der Erläuterung. Die Berufsbezeichnung, die der Statusermittlung zugrunde lag, ist ja nur ein Indikator für die elterliche Schulbildung, die wirtschaftliche Lage, die Wohngegend und das sozio-kulturelle Milieu der Befragten. Innerhalb dieses Milieus dürften der elterliche Erziehungsstil, das Ausmaß der Leistungsorientierung und der Werthorizont hinsichtlich des schulischen Lernerfolgs der Kinder von Bedeutung sein. Besser als in dieser Untersuchung konnte GÄRTNER-HARNACH (1973) zeigen, daß die Dimension „Strenge" in der Erziehung Leistungsangst begünstigt und daß dieser Erziehungsstil in der Unterschicht stärker ausgeprägt ist.

Eine einfache Kausalität ist hier nicht anzunehmen, vielmehr scheint ein interdependentes Beziehungsgeflecht wirksam zu sein. Unterschichtkinder erfahren während der Primärsozialisation weniger intellektuelle Anregungen, werden eher etwas strenger erzogen, entwickeln ein Wertsystem, das nicht dem der leistungsorientierten Mittelschicht entspricht, und werden vielleicht schon bei den ersten schulischen Anforderungssituationen Mißerfolgserlebnissen ausgesetzt. Klassenarbeiten und mündliche Leistungsproben bedeuten dann ein erhöhtes Risiko und aktualisieren schnell Angstreaktionen, deren häufige Wiederholung die Leistungsangst zu einer überdauernden Verhaltensdisposition werden lassen.

Aus unseren Befunden geht deutlich hervor, daß der sozio-ökonomische Status mit der Schulangst korreliert ist. Mit geringer werdendem Status steigen die TASC-Werte kontinuierlich an. Im übrigen erwies sich der Sozialstatus als Moderatorvariable. In der Mittelschicht lagen die Korrelationen zwischen Angst und Leistung (Intelligenz und Schulnoten) höher als in der Unterschicht. In der Mittelschicht spielt die Angst demnach für den Lernerfolg eine größere Rolle. Das mag mit dem Karrierestreß bzw. dem intellektuellen Anspruchsniveau in der Mittelschicht begründet sein. Die Schule selbst gilt ja als eine Institution der Mittelschicht wegen des dort gesprochenen elaborierten Codes und dem entsprechenden Wertsystem. Mittelschichtkinder haben möglicherweise deswegen weniger Schulangst, weil sie die Institution nicht als so fremd und bedrohlich erleben wie Unterschichtkinder, aber die Angst beeinträchtigt ihre Leistung noch mehr, als es bei den Unterschichtkindern der Fall ist.

Schulleistungen sind mit Angst korreliert. An dieser Stelle sind die Forschungsbefunde in der Literatur uneinheitlich. Zum einen stellt sich die Frage, ob Schulangst einen leistungsfördernden oder leistungsmindernden Effekt hat oder beides. Argumente für die verschiedenen Positionen lassen sich aus den theoretischen Annahmen im Drive-Modell und im

Habit-Interferenz-Modell ableiten, und es gibt Untersuchungen, in denen beide Annahmen bestätigt wurden. Es dürfte hier fragebogenspezifische Differenzen geben. So ist ja z. B. der AAT eigens im Hinblick auf beide Effekte konstruiert. Die Mehrzahl der Untersuchungen – wie auch unsere eigenen – ergaben einen negativen Zusammenhang zwischen Schulangst und Lernerfolg: je höher die Angst, desto niedriger der Erfolg. Zum anderen stellt sich die Frage nach der Kausalität: Erzielen die Kinder einen nur geringen Lernerfolg, weil sie leistungsängstlich sind, oder entwickeln sie Leistungsangst, weil sie nicht erfolgreich sind? Vermutlich handelt es sich hier um ein interdependentes Beziehungsgeflecht. In der vorschulischen Zeit dürften viele Kinder aufgrund eines ungünstigen Erziehungsstils leistungsängstlich werden. Mit Beginn der schulischen Anforderungen erfahren diese Kinder eine Reihe von Versagenserlebnissen, die sie emotional belasten und verunsichern. So kommt es vielleicht zu einem Regelkreis oder circulus vitiosus, der die Angst-Disposition zunehmend stabilisiert.

Im einzelnen ließ sich in unserer Untersuchung der leistungsmindernde Effekt der Schulangst bei allen Stichproben und allen Leistungsvariablen nachweisen. Ängstliche Schüler haben schlechtere Schulnoten als nichtängstliche. Schüler mit der Note 4 in Deutsch oder Mathematik hatten die höchsten TASC-Werte. Es handelt sich offenbar um „Risikoschüler", die durch ihre marginale Lage im Leistungsbereich intensiven schulischen Streß ertragen müssen und daher Unsicherheitsgefühle und Angst vor einer Verschlechterung haben, die zu sozialer Diskriminierung, Strafe und vielleicht zu Schulverwaltungsmaßnahmen führen könnten. Diese Beziehung zwischen Schulangst und Lernerfolg gilt nicht nur für die Schulnoten als Ausdruck des Lehrerurteils, sondern auch für lehrzielorientierte Tests, die von neutralen Versuchsleitern durchgeführt worden sind. Andernfalls wäre es ja möglich, die Validität des Lehrerurteils anzuzweifeln, indem man argumentieren könnte, die ängstlichen Schüler wären zwar leistungsstark, würden aber aufgrund ihrer emotionalen Auffälligkeit vom Lehrer nicht treffsicher eingeschätzt. Einen weiteren Indikator für den Zusammenhang zwischen Leistungsangst und Lernerfolg findet man bei der schulartspezifischen Auswertung. Wenn man die Hauptschüler als die wenig Erfolgreichen und die Gymnasiasten als die sehr Erfolgreichen mit dem Leistungsangstfragebogen untersucht, ergeben sich massive Unterschiede in Richtung auf höhere TASC-Werte bei den Hauptschülern. Dieser Befund ist auch andernorts mehrfach erhoben worden (z. B. bei NICKEL u. a. 1973).

Die Verwendung von Leistungsangst als Lernerfolgsprädiktor ist mit dem oben gesagten konsistent. Wenn Angst die Schulleistung beeinträchtigt, kann man einen Teil der Schulleistungsvarianz in dieser Weise aufklären. Die Untersuchungen haben gezeigt, daß neben der Intelligenz bzw. einem Intelligenzuntertestwert die TASC sich mehrfach als zweitbester Prädiktor erwies und daß andere nichtkognitive Variablen damit nicht konkurrieren konnten. Es empfiehlt sich daher, für vergleichbare Schulforschungsprojekte die Variable „Leistungsangst" mitzuberücksichtigen, sei es mit Hilfe der TASC oder den inzwischen publizierten und offenbar äquivalenten Instrumenten FS 5–10 oder AFS (Skala PA).

Ähnlich wie die Schulleistungen variieren die *Intelligenzleistungen* mit der Schulangst. In unseren Forschungsprojekten wurden drei verschiedene Intelligenztests verwendet, deren Korrelationen mit der TASC gut vergleichbar waren, so daß hiermit keine instrumentenspezifischen Ergebnisse vorgelegt werden. Alle Korrelationskoeffizienten sind niedrig, und alle, die davon statistisch bedeutsam sind, weisen in die negative Richtung. Höhere Leistungsangst geht demnach tendenziell mit geringerer Intelligenz einher. Das entspricht voll und ganz den Erwartungen, die durch theoretische Annahmen und frühere Untersuchungsbefunde nahegelegt werden. Die Interpretation ist identisch mit der, die für Schulleistungen formuliert wurde. Es handelt sich ja in beiden Fällen um kognitives Verhalten, das offenbar durch ein erhöhtes Aktivierungsniveau bei den Hochängstlichen beeinträchtigt wird. Die Kausalitätsannahme ist hier allerdings auch wieder etwas spekulativ. Einen besonders interessanten Fall stellen *Angst-Intelligenz-Interaktionen* (AII) dar, wenn es gelingt, sie nachzuweisen. Das ist jedoch sehr schwierig, und darum sind die bisher bekanntgewordenen Wechselwirkungen auch sehr unterschiedlich. Wir sind auf der Suche nach einer AII gewesen, bei der die Hochängstlichen mit hoher Intelligenz einen besseren Lernerfolg haben als die Niedrigängstlichen mit gleich hoher Intelligenz; zugleich sollten die Niedrigängstlichen mit geringer Intelligenz erfolgreicher sein als die Hochängstlichen bei geringer Intelligenz. Diese Wechselwirkung konnte bei einer kleinen Stichprobe tatsächlich gefunden werden, ließ sich jedoch bei zwei größeren Stichproben nicht replizie-

ren. Dort ging die Wechselwirkung nämlich in die entgegengesetzte Richtung.
Die Frage der AII ist noch lange nicht beantwortet, denn die Ergebnisse in der Literatur und in unserer Untersuchung sind widersprüchlich. Es ist daher denkbar, daß das hier verwendete Instrument für diese Fragestellung ungeeignet ist, denn die TASC ist ja im Gegensatz zum AAT nur im Hinblick auf leistungshemmende Angst konstruiert. Möglicherweise wiederholen sich bei der AII-Forschung die Erkenntnisschritte der von Mißerfolgen geplagten ATI-Forschung (aptitude-treatment-interaction; vgl. CRONBACH/SNOW 1969; BRACHT 1970; FLAMMER 1973; TOBIAS 1973). Wahrscheinlich ist *die* Intelligenz im Forschungsdesign eine zu globale Variable. Man wird statt dessen speziellere Fähigkeiten oder andere Persönlichkeitsmerkmale in den Versuchsplan einbringen müssen, dabei die Zahl der Faktoren von zwei auf drei und mehr (z. B. Aufgabenmaterial, Präsentationsmodus usw.) erhöhen und anstelle der Varianzanalyse die exaktere multiple Regressionsanalyse mit Produktgliedern verwenden müssen (vgl. COHEN 1968).
Ein weiterer interessanter Effekt, der auch schon vorher von SARASON (1971) und GÄRTNER-HARNACH (1973) gefunden wurde, besteht in der Leistungsangst als einer *Moderatorvariablen*. Die Vorhersage des Lernerfolgs aufgrund der Intelligenz soll bei Niedrigängstlichen besser möglich sein als bei Hochängstlichen, weil letztere wegen ihrer stärkeren Energetisierung bzw. Unruhe daran gehindert werden, ihre intellektuellen Fähigkeiten in Schulleistungen umzusetzen. Diese Annahme konnte in der vorliegenden Untersuchung nur für die Mädchen ebenfalls bestätigt werden. Bei den Jungen war ein Trend erkennbar, doch die Wirkung war statistisch nicht signifikant.
Die empirische Untersuchung über Schulangst und Lernerfolg zielte auf Diagnose und Prognose. Die *pädagogische Therapie* war nicht Gegenstand dieses Vorhabens. Damit soll deren Bedeutung nicht geschmälert werden. Die Diagnose von Leistungsangst ist allerdings eine logische Voraussetzung für pädagogisch-therapeutische Interventionen. Man könnte gegen jegliche Therapieansätze einwenden, sie gingen am eigentlichen Ziel vorbei, nämlich der Abschaffung des Leistungsdrucks im System Schule, und wären daher eine Technologie der schmerzlosen Anpassung von Unmündigen an das Ausleseritual der Herrschenden (vgl. KVALE 1972). Bei solcher Argumentation findet eine Verwechslung statt von *objektiv* bedrohlichen Situationen, wie sie z. B. durch veraltete

Prüfungspraktiken im Hochschulbereich hervorgerufen werden, und als bedrohlich *erlebten* Situationen, die nicht auf reale Umstände zurückzuführen sind, sondern auf eine Disposition im Individuum, deren Genese bis heute noch nicht ausreichend erforscht ist (vgl. I. G. SARASON 1973). Es scheint daher ehrlicher und wirklichkeitsnäher zu sein, den Schwerpunkt von Forschung und Praxis auf pädagogisch-therapeutische Interventionen zu legen, um eine systematische Reduktion von Schulangst betreiben zu können. Daß dabei das soziale und institutionelle Umfeld in den Therapieplan einbezogen werden muß, sei impliziert. Ein Therapieziel ist zunächst die Desensibilisierung. Als Methoden der Angstreduktion haben sich in den letzten Jahren vor allem verhaltenstherapeutische Techniken und nicht-direktive Gesprächstherapie bewährt (vgl. z. B. WOLPE 1966; OSTERHOUSE 1972; PHILLIPS u. a. 1972; MINSEL 1974). Eine erfolgreiche Reduktion von Schulangst durch trainierte Lehrer gelang WIECZERKOWSKI u. a. (1969, S. 3):

„Es wurde die Annahme geprüft, daß durch positive Bekräftigung seitens der Klassenlehrer Schulangst und Psychoneurotizismus bei Schülern vermindert werden können. In zehn Schulklassen wurde das Ausmaß an Schulangst und Psychoneurotizismus der 12jährigen Schüler durch Fragebogen erfaßt. Die Klassenlehrer von 8 Schulklassen wurden instruiert, in der folgenden Phase von 6 Wochen jeweils 2 Jungen und 2 Mädchen, die in ihrer Schulklasse das größte Ausmaß an Schulangst und Psychoneurotizismus aufwiesen, möglichst in jeder Unterrichtsstunde einige positive Bekräftigungen zuteil werden zu lassen. Als Kontrollgruppen dienten die übrigen Schüler dieser 8 Schulklassen und alle Schüler in zwei weiteren Klassen, die keine vermehrten positiven Bekräftigungen erhielten.

Am Ende der experimentellen Phase (nach 6 Wochen) ergab die erneute Prüfung der Schulangst und des Psychoneurotizismus eine Bestätigung der Hypothese. In einer zweiten Nachuntersuchung (nach drei Monaten) waren die auf die positiven Bekräftigungen zurückführbaren Veränderungen noch nachweisbar. Im Verlauf der Untersuchung ergaben sich jedoch Hinweise, daß die Realisierung eines größeren Ausmaßes an positivem Bekräftigungsverhalten für Lehrer mit Schwierigkeiten verbunden ist."

Nachdem erst vor kurzem die diagnostische Misere durch die Publikation verschiedener deutscher Angstskalen behoben ist und im Lehrerberuf – auch durch die Ausbildung von Diplom-Pädagogen – eine zunehmende Professionalisierung zu beachten ist, besteht die begründete Hoffnung, daß auch der pädagogisch-therapeutische Nachholbedarf in Zukunft weitgehend mit empirisch überprüften Methoden gedeckt wird.

Anhang 1: Verzeichnis der Abkürzungen

AACL	Affect Adjective Check List
AASC	Achievement Anxiety Scale for Children (Kinderform des AAT)
AAT	Achievement Anxiety Test
AD	Anxiety Differential
AFS	Angstfragebogen für Schüler
ASI	Audience Sensitivity Inventory
AzN 4+	Aufgaben zum Nachdenken
BMBW	Bundesministerium für Bildung und Wissenschaft
CASI	Children's Audience Sensitivity Inventory (Kinderform des ASI)
CMAS	Children's Manifest Anxiety Scale (Kinderform der MAS)
CFT 3	Culture Fair Test – Skala 3
DE 501	Deutsch – Eingangstest für 5. Klassen
F 62	Fragebogen zur Lernmotivation mit 62 Items
FS	Fragebogen für Schüler (FS 5–10 und FS 11–13)
GASC	General Anxiety Scale for Children
GEFT	Group Embedded Figures Test
HANES	Hamburger Neurotizismus- und Extraversionsskala
IPAT	Institute for Personality and Ability Testing
KAT	Kinder-Angst-Test
KIV	Kieler Instruktionsverständnistest
LEM	Forschungsprojekt „Koordinierte Lernerfolgsmessung"
MA	Skala im AFS: Manifeste (allgemeine) Angst
MAS	Manifest Anxiety Scale
ME 501	Mathematik – Eingangstest für 5. Klassen
MVS	Forschungsprojekt „Medienverbundsystem"
O-A	Objective-Analytic Anxiety Scale
PA	Skala im AFS: Prüfungsangst
PROVAL	Forschungsprojekt „Prognostische Validität …"
PSB	Prüfsystem für Schul- und Bildungsberatung
SE	Skala im AFS: Soziale Erwünschtheit
STAI	State-Trait Anxiety Inventory
SU	Skala im AFS: Schulunlust

TAQ	Test Anxiety Questionnaire
TAS	Test Anxiety Scale
TASC	Test Anxiety Scale for Children (Kinderform der TAS)
VDP	Forschungsprojekt „Verlaufsdiagnose Primarstufe"
WE 500	Weltkunde – Eingangstest für 5. Klassen

Anhang 2: Die TASC-Übersetzung

Auf den folgenden Seiten stehen einige Fragen. Bitte versuche sie der Reihe nach so zu beantworten, wie es für Dich zutrifft. Überlege dabei nicht zu lange.
Stimmt die Aussage für Dich, schreibst Du ein A hinter die entsprechende Zahl auf dem blauen Antwortbogen. Stimmt die Aussage für Dich nicht, schreibst Du ein B hinter die Zahl.
Es darf keine Frage ausgelassen werden!
In dieses Testheft darf nichts hineingeschrieben werden!

1. Ich habe immer etwas Angst, wenn die Aufgaben abgefragt werden oder im Mündlichen geprüft wird.
2. Ich mache mir oft Sorgen, ob ich versetzt werde.
3. Wenn der Lehrer mich vor die Klasse ruft und ich vorlesen muß, habe ich immer Angst, daß ich mich verspreche.
4. Wenn der Lehrer jemanden vorn zur Tafel ruft, denke ich meistens: Hoffentlich nimmt er mich nicht.
5. Manchmal träume ich nachts, daß ich in der Schule bin und mich vor der Klasse blamiere, weil ich etwas nicht kann.
6. Wenn der Lehrer prüfen will, ob wir zu Hause gelernt haben, bekomme ich immer Herzklopfen.
7. Ich habe das Gefühl, daß andere Kinder meiner Klasse beim Rechenunterricht besser mitkommen als ich.
8. Wenn ich abends im Bett liege, muß ich oft daran denken, ob ich am nächsten Tag in der Schule auch alles richtig machen werde.
9. Wenn ich vor der Klasse etwas an die Tafel schreiben muß, zittert meine Hand oft ein wenig.
10. Mir ist oft so, als würden meine Mitschüler im Unterricht leichter mitkommen als ich.
11. Ich habe das Gefühl, daß ich mir mehr Sorgen über die Schule mache als andere Kinder meiner Klasse.
12. Wenn ich zu Hause an den Rechenunterricht vom nächsten Tag denke, bekomme ich manchmal Angst, daß ich eine falsche Antwort geben könnte.
13. Wenn ich krank bin und die Schule versäumen muß, quält mich der Gedanke daran, was ich alles versäume und daß meine Schulleistun-

gen schlechter sein werden als die der anderen Kinder, wenn ich wieder zur Schule zurückkomme.
14. Ich träume nachts manchmal, daß andere Kinder meiner Klasse Dinge können, die ich nicht kann.
15. Wenn ich zu Hause daran denke, daß ich am nächsten Tag im Unterricht vorlesen muß, bekomme ich oft schon Angst, daß ich es schlecht machen könnte.
16. Wenn im Unterricht geprüft wird, spüre ich meistens ein komisches Gefühl im Magen.
17. Wenn ich etwas sehr schlecht gemacht habe, möchte ich am liebsten weinen, auch wenn ich versuche, mich zu beherrschen.
18. Manchmal träume ich, daß der Lehrer ärgerlich auf mich ist, weil ich meine Aufgaben nicht kann.
19. Ich habe Angst vor Klassenarbeiten.
20. Vor einer Klassenarbeit bin ich meist aufgeregt.
21. Nach jeder Klassenarbeit mache ich mir immer Gedanken darüber, ob ich wohl diesmal gut abgeschnitten habe.
22. Hinterher träume ich manchmal, daß ich bei der Klassenarbeit am Tag zuvor viele Fehler gemacht habe.
23. Bei Klassenarbeiten zittert mir oft die Hand.
24. Während einer Klassenarbeit mache ich oft Fehler, weil ich so aufgeregt bin.
25. Wenn der Lehrer sagt, daß wieder eine Klassenarbeit geschrieben wird, bekomme ich immer ein bißchen Angst.
26. Wenn eine schwere Klassenarbeit geschrieben wird, vergesse ich oft Dinge, die ich vorher gewußt habe.
27. Manchmal wünschte ich, daß ich mir nicht so viele Sorgen über Klassenarbeiten machte.
28. Wenn der Lehrer eine Klassenarbeit ankündigt, werde ich nervös.
29. Während einer Klassenarbeit denke ich gewöhnlich, daß ich es schlecht machen werde.
30. Wenn ich morgens zur Schule gehe, habe ich manchmal Angst, daß überraschend eine Klassenarbeit geschrieben wird.

Anhang 3: Das State-Trait-Anxiety-Inventory

FRAGEBOGEN ZUR SELBSTKONTROLLE
Entwickelt von C. D. Spielberger, R. L. Gorsuch und R. Lushene (STAI)
(Deutsche Erprobungsfassung von R. Schwarzer 1973)
FORM X–1

Name .... Datum ....

Anweisungen: Eine Anzahl der Aussagen, die Personen benutzen, um sich selbst zu beschreiben, sind unten angegeben. Lies jede Aussage und kreuze dann die Zahl rechts von der Aussage an, die angibt, wie Du Dich *jetzt, in diesem Moment fühlst*. Es gibt keine richtigen oder falschen Antworten. Verwende nicht zuviel Zeit mit einer Aussage, aber kreuze die Antwort an, die Dein jetziges Gefühl am besten beschreibt.

	überhaupt nicht	kaum	ein bißchen	sehr
1. Ich bin ruhig	1	2	3	4
2. Ich fühle mich sicher	1	2	3	4
3. Ich fühle mich angespannt	1	2	3	4
4. Ich bin traurig	1	2	3	4
5. Ich fühle mich ungezwungen	1	2	3	4
6. Ich bin verwirrt	1	2	3	4
7. Momentan bin ich über mögliche Mißgeschicke beunruhigt	1	2	3	4
8. Ich bin ausgeruht	1	2	3	4
9. Ich bin ängstlich	1	2	3	4
10. Ich fühle mich wohl	1	2	3	4
11. Ich fühle mich selbstsicher	1	2	3	4
12. Ich bin nervös	1	2	3	4
13. Ich bin aufgeregt	1	2	3	4
14. Ich fühle mich „zart besaitet"	1	2	3	4
15. Ich bin entspannt	1	2	3	4
16. Ich fühle mich zufrieden	1	2	3	4
17. Ich bin besorgt	1	2	3	4
18. Ich bin übernervös und durcheinander	1	2	3	4
19. Ich fühle mich freudig erregt	1	2	3	4
20. Ich fühle mich heiter	1	2	3	4

Anweisungen: Eine Anzahl der Aussagen, die Personen benutzen, um sich selbst zu beschreiben, sind unten angegeben. Lies jede Aussage und kreuze dann die Zahl rechts von der Aussage an, die angibt, wie Du Dich *im allgemeinen* fühlst. Es gibt keine richtigen und keine falschen Antworten. Verwende nicht zuviel Zeit mit einer Aussage, aber gib die Antwort, die zu beschreiben scheint, wie Du Dich im allgemeinen fühlst.

	beinahe nie	manchmal	oft	beinahe immer
21. Ich fühle mich heiter	1	2	3	4
22. Ich ermüde schnell	1	2	3	4
23. Ich könnte heulen	1	2	3	4
24. Ich möchte so glücklich sein, wie andere es zu sein scheinen	1	2	3	4
25. Ich verzettele mich, weil ich mich nicht schnell genug entscheiden kann	1	2	3	4
26. Ich fühle mich ausgeruht	1	2	3	4
27. Ich bin ,,ruhig, kühl und gelassen''	1	2	3	4
28. Ich glaube, daß sich Schwierigkeiten aufbauen, die ich nicht überwinden kann	1	2	3	4
29. Ich bin zu häufig über Dinge beunruhigt, die in Wirklichkeit unwichtig sind	1	2	3	4
30. Ich bin glücklich	1	2	3	4
31. Ich neige dazu, die Dinge schwer zu nehmen	1	2	3	4
32. Mir fehlt das Selbstbewußtsein	1	2	3	4
33. Ich fühle mich sicher	1	2	3	4
34. Ich versuche, Krisen oder Schwierigkeiten zu vermeiden	1	2	3	4
35. Ich fühle mich niedergeschlagen	1	2	3	4
36. Ich bin zufrieden	1	2	3	4
37. Unwichtige Gedanken gehen mir durch den Kopf und beunruhigen mich	1	2	3	4
38. Ich nehme Enttäuschungen so schwer, daß ich sie nicht vertreiben kann	1	2	3	4
39. Ich bin eine stabile Person	1	2	3	4
40. Ich bin angespannt und verwirrt, wenn ich an meine derzeitigen Sorgen denke	1	2	3	4

Anhang 4:
TASC-NORMEN (weiblich) für das 4. Schuljahr

(Flächentransformierte Rohwerte von N = 482 Schülerinnen)

RW	PR	T	Z	C
30	100	80	130	11
29	100	79	129	11
28	99	75	125	10
27	98	71	121	9
26	97	69	119	9
25	95	67	117	8
24	93	65	115	8
23	91	63	113	7
22	89	62	112	7
21	88	62	112	7
20	86	61	111	7
19	84	60	110	7
18	82	59	109	7
17	78	58	108	6
16	75	57	107	6
15	71	56	106	6
14	68	55	105	6
13	63	53	103	6
12	55	51	101	5
11	51	50	100	5
10	47	49	99	5
9	43	48	98	5
8	37	47	97	4
7	34	46	96	4
6	30	45	95	4
5	26	43	93	4
4	20	41	91	3
3	15	40	90	3
2	11	38	88	3
1	6	35	85	2
0	4	32	82	2

Anhang 5:
TASC-Normen (männlich) für das 4. Schuljahr
(Flächentransformierte Rohwerte von N = 468 Schülern)

RW	PR	T	Z	C
30	100	80	130	11
29	100	79	129	11
28	100	79	129	11
27	100	79	129	11
26	100	76	126	10
25	99	74	124	10
24	98	71	121	9
23	97	70	120	9
22	97	69	119	9
21	95	67	117	8
20	94	65	115	8
19	93	64	114	8
18	91	63	113	7
17	88	62	112	7
16	85	61	111	7
15	82	59	109	7
14	78	58	108	6
13	74	56	106	6
12	69	55	105	6
11	66	54	104	6
10	62	53	103	6
9	58	52	102	5
8	53	51	101	5
7	48	49	99	5
6	42	48	98	5
5	36	46	96	4
4	30	45	95	4
3	24	43	93	4
2	17	40	90	3
1	11	38	88	3
0	6	34	84	2

Anhang 6:
Synoptische Tabelle aller rotierten Faktormatrizen

Synoptische Tabelle aller rotierten Faktormatrizen

Item	Sex	Faktor 1			Faktor II			h^2		
		PRO	LEM	MVS	PRO	LEM	MVS	PRO	LEM	MVS
1	w.	41	52	-12	-35	15	11	29	29	02
	m.	41	46	30	22	14	18	22	23	12
2	w.	42	40	32	-35	30	17	30	25	13
	m.	27	27	09	44	29	-22	26	15	06
3	w.	10	11	29	-58	36	54	35	14	37
	m.	42	37	33	15	03	30	20	14	20
4	w.	23	28	01	-51	29	-19	31	16	04
	m.	49	43	34	05	06	15	24	18	14
5	w.	06	-03	-03	-57	54	63	32	29	40
	m.	28	01	-07	41	59	50	25	35	25
6	w.	31	33	14	-45	23	12	30	16	03
	m.	42	43	31	31	12	21	28	19	14
7	w.	29	14	30	-45	52	-09	28	29	10
	m.	-02	17	16	67	48	-54	45	26	32
8	w.	36	18	22	-40	24	51	29	09	31
	m.	38	02	42	31	44	-44	24	19	37

Item	Sex	Faktor I			Faktor II			h^2		
		PRO	LEM	MVS	PRO	LEM	MVS	PRO	LEM	MVS
9	w.	28	41	13	-45	15	46	28	19	23
	m.	56	42	32	18	05	42	34	18	28
10	w.	36	11	21	-53	59	43	41	36	22
	m.	07	16	49	73	49	-14	53	27	26
11	w.	19	20	21	-55	29	23	34	12	09
	m.	26	20	57	49	31	-10	31	14	33
12	w.	17	24	45	-64	49	0	44	30	20
	m.	36	23	40	37	39	-28	27	20	24
13	w.	35	24	37	-28	31	39	20	16	29
	m.	15	11	15	39	33	24	17	12	08
14	w.	12	08	07	-55	47	57	31	23	32
	m.	19	06	-16	47	57	43	26	32	21
15	w.	15	19	15	-68	43	51	48	22	28
	m.	48	39	57	16	22	-16	26	20	35
16	w.	43	53	28	-13	03	-31	20	28	18
	m.	42	45	36	19	08	46	22	21	34
17	w.	34	29	29	-25	32	43	18	18	26
	m.	34	25	11	22	31	04	17	16	01

Item	Sex	Faktor I						Faktor II						h²		
		PRO	LEM	MVS		PRO		LEM	MVS		PRO		LEM	MVS		
18	w.	18	05	-08		-55		54	37		33		29	15		
	m.	22	26	24		52		46	-35		32		22	18		
19	w.	54	61	65		-22		17	10		34		40	43		
	m.	65	62	71		02		07	04		42		38	50		
20	w.	65	57	48		0		-14	-05		42		34	23		
	m.	50	45	39		08		04	21		26		20	19		
21	w.	48	47	44		-06		-08	-02		23		23	19		
	m.	31	29	01		19		05	27		14		08	07		
22	w.	34	24	05		-43		50	70		30		31	49		
	m.	47	37	41		37		37	-25		36		28	23		
23	w.	53	52	51		-21		14	16		32		29	29		
	m.	55	53	45		13		10	37		32		29	34		
24	w.	60	49	64		-24		20	32		42		28	51		
	m.	48	53	58		30		17	-18		32		31	37		
25	w.	70	65	74		-20		13	02		53		44	55		
	m.	70	66	82		11		09	07		50		45	67		
26	w.	41	41	34		-29		32	04		25		27	12		
	m.	25	44	54		44		25	29		25		25	37		

115

Item	Sex	Faktor I			Faktor II			h^2		
		PRO	LEM	MVS	PRO	LEM	MVS	PRO	LEM	MVS
27	w.	62	49	70	-08	14	22	39	26	54
	m.	50	49	64	18	21	-07	28	28	41
28	w.	58	51	56	-26	26	-01	41	33	31
	m.	64	60	53	15	06	51	43	36	54
29	w.	54	37	28	-36	34	18	42	26	11
	m.	45	44	29	34	23	-07	32	24	08
30	w.	48	44	50	-32	30	-17	33	28	28
	m.	57	46	28	17	27	03	35	28	08
Summe a_i^2 (bzw. h^2) (weiblich)		5.08	4.33	4.29	4.89	3.36	3.38	9.97	7.69	7.67
Aufklärung der Gesamtvarianz (weiblich)		16.94	14.44	14.30	16.3	11.20	11.27	33.24	25.64	25.57
relative Varianzaufklärung (weiblich)		50.96	56.31	55.94	49.05	43.70	44.07	100	100	100
Summe a_i^2 (bzw. h^2) (männlich)		5.46	4.53	5.20	3.48	2.58	2.53	8.94	7.11	7.73
Aufklärung der Gesamtvarianz (männlich)		18.2	15.1	17.34	11.6	8.6	8.44	29.8	23.7	25.77
Relative Varianzaufklärung (männlich)		61.08	63.72	67.27	38.93	36.29	32.73	100	100	100

Literaturverzeichnis

ABELSON, H. D.: Differential performance and personality patterns among anxious children. Unpl. doct. diss., Harvard University, 1961, ref. nach RUEBUSH 1963

ALEXANDER, S./HUSEK, T. R.: The anxiety differential: Initial steps in the development of a measure of situational anxiety. In: Educ. Psychol. Measurement 22 (1962), 325–347

ALPERT, R./HABER, R. N.: Anxiety in academic achievement situations. In: J. Abnorm. soc. Psychol. 61 (1960), 207–215

ATKINSON, J. W.: Motivational determinants of risk-taking behavior. In: Psychol. Rev. 64 (1957), 359–372

ATKINSON, J. W. (ed): Motives in fantasy, action, and society. Princeton 1958

ATKINSON, J. W.: An introduction to motivation. Princeton 1964

BARTON/DIELMANN/CATTELL, R. B.: Personality and IQ measures as predictors of school achievement. In: Journal of Ed. Ps. 63 (1972), 398–404

BERLINER, D. C./CAHEN, L. S.: Trait-treatment interaction and learning. In: KERLINGER, F. (ed): Review of research in education. Itasca, Ill., 1973

BEYME, F./FAHRENBERG, J.: Zur deutschen Bearbeitung der Anxiety-Tests von R. B. CATTELL. In: diagnostica 14 (1968), 39–44

Bildung in Zahlen – Planungsunterlagen 1973, Schriften Nr. 16 des Kultusministers des Landes Schleswig-Holstein. Kiel 1973

BOPP, L.: Das ängstliche Kind. Stuttgart 1949

BOWLBY, J.: Die Trennungsangst. In: Psyche 15 (1961/62), 411–464

BRACHT, G. H./GLASS, G. V.: The external validity of experiments. In: American Educ. Research Journal (1968), 444–452

BRACHT, G. H.: Experimental factors related to aptitude-treatment interactions. In: Review of Education. Research 40 (1970), 627–645

BREDENKAMP, J.: Der Signifikanztest in der psychologischen Forschung. Frankfurt 1972

BUGGLE, F./BAUMGÄRTEL, F.: Die Hamburger Neurotizismus- und Extraversionsskala (HANES). Göttingen 1972

CASTANEDA, A./McCANDLESS, R. R./PALERMO, D. S.: The children's form of the manifest anxiety scale. In: Child Develpm. 27 (1956), 317–326

CATTELL, R. B./SCHEIER, J. H.: The meaning and measurement of neuroticism and anxiety. New York 1961

CATTELL, R. B.: The scientific analysis of personality. Hammondsworth, Middlesex 1965

CATTELL, R. B. (ed): Handbook of multivariate experimental psychology. Chicago 1966

CATTELL, R. B.: The meaning and strategic use of factor analysis. In: CATTELL 1966, S. 174 ff.

CATTELL, R. B.: Anxiety and motivation: theory and crucial experiments. In: SPIELBERGER (1966), 23–62

CATTELL, R. B./WEISS: C–F–T 3. Stuttgart/Braunschweig 1971

CHILD, I. L.: Personality. In: Annual Review of Psychology 5 (1954), 149–170

COHEN, J.: Multiple regression as a general data-analytic system. In: Psychological Bull. 70 (1968), 426–443

COX, F. N.: Educational streaming and general and test anxiety. In: Child Develpm. 33 (1962), 381–390

COX, F. N./HAMMOND, S. B.: Educational streaming and anxiety in children. In: GAUDRY/SPIELBERGER 1971, 126–131

CRONBACH, L. J./SNOW, R. E.: Individual differences in learning ability as a function of instructional variables. Final Report. Stanford 1969

DENNY, J. P.: Effects of anxiety and intelligence on concept formation. J. exp. Psychol. 72 (1966), 596–602

DUNN, H. A.: Factor structure of the test anxiety scale for children. In: J. Consult. Psychol. 28 (1964), 92

DUNN, J. A.: Anxiety, stress, and the performance of complex intellectual tasks: A new look at an old question. In: J. Consult. Clin. Psychol. 32 (1968), 669–673

ERTEL, S./SCHINDLER, U.: Intelligenzleistungen und Testverhaltensdifferential. Ein neuer Validierungsversuch und ein funktionales Modell: In: diagnostica 15 (1969), 75–98 und 103–117

EYSENCK, H. J.: The dynamics of anxiety and hysteria. London 1957, 1964 (2. Auflage)

EYSENCK, H. J.: The structure of human psychology. London 1970 (3. Auflage)

FAHRENBERG, J.: Psychophysiologische Persönlichkeitsforschung; Beiträge zur Theorie und Diagnostik psychophysischer Korrelate in klinischen Syndromen, Aktivationsmustern und Konstitutionseigenschaften. Göttingen 1967

FEATHER, N. T.: Valence of success and failure in relation to task difficulty: past research and recent progress. In: Austral. J. Psychol. 20 (1968), 111–122

FIELD, F. G./BRENGELMANN, J. C.: Eyelid-conditioning and three personality parameters. In: J. abnorm. soc. Psychol. 63 (1961), 517–523

FISCHER, G. H. (Hrsg.): Psychologische Testtheorie. Bern 1968

FISCHER, G./SPADA, H.: Die psychometrischen Grundlagen des Rorschach-Tests und der Holtzman Inkblot Technique. Bern 1973

FLAMMER, A.: Wechselwirkung zwischen Schülermerkmal und Unterrichtsmethode. In: Zeitschrift f. Entw.ps. und Päd. Ps. 2 (1973), 130–147

FOPPA, K.: Lernen, Gedächtnis, Verhalten. Köln 1965

FREUD, S.: Gesammelte Werke, Bde. I und XIV. London 1948, 1952

FRICKE, R.: Über Meßmodelle in der Schulleistungsdiagnostik. Bd. 2 der Reihe „Studien zur Lehrforschung". Düsseldorf 1972

FRÖHLICH, W. D.: Angst und Furcht. In: THOMAE, H. (Hrsg.): Hdb. d. Psychologie, Bd. 2, Allgemeine Psychologie. Göttingen 1965

FÜRNTRATT, E.: Zur Bestimmung der Anzahl interpretierbarer gemeinsamer Faktoren in Faktorenanalysen psychologischer Daten. In: diagnostica 15 (1969), 62–75

GÄRTNER-HARNACH, V.: Angst und Leistung. Weinheim 1972a

GÄRTNER-HARNACH, V.: Fragebogen für Schüler FS 11–13. Weinheim 1972b

GÄRTNER-HARNACH, V.: Fragebogen für Schüler FS 5–10. Weinheim 1973

GAUDRY, E./BRADSHAW, G. D.: The differential effect of anxiety on performance in progressive and terminal school examinations. In: GAUDRY/SPIELBERGER 1971, 107–110
GAUDRY, E./FITZGERALD, D.: Test anxiety, intelligence and academic achievement. In: GAUDRY/SPIELBERGER 1971, 155–162
GAUDRY, E./SPIELBERGER, C. D. (eds): Anxiety and educational achievement. Sydney 1971
GIFFORD, E. M./MARSTON, A. R.: Test anxiety, reading rate, and task experience. In: J. Educ. Research 59 (1966), 303–306
GOULET, R.: Anxiety (drive) and verbal learning: Implications for research and some methodological considerations. In: Psychol. Bull. 69 (1968), 235–247

HECKHAUSEN, H.: Hoffnung und Furcht in der Leistungsmotivation. Meisenheim/Glan 1963
HECKHAUSEN, H.: Leistungsmotivation. In: THOMAE, H. (Hrsg.): Motivationslehre. In: Hdb. Psychol. Bd. 2, S. 602–702, Göttingen 1965
HECKHAUSEN, H.: Einflüsse der Erziehung auf die Motivationsgenese. In: HERRMANN, T. (Hrsg.): Psychologie der Erziehungsstile. Göttingen 1966, 131–169
HECKHAUSEN, H.: Förderung der Lernmotivierung und der intellektuellen Tüchtigkeiten. In: ROTH, H. (Hrsg.): Begabung und Lernen. Bd. 4 der Gutachten und Studien der Bildungskommission. Stuttgart 1969, 193–228
HEIDEGGER, M.: Sein und Zeit, 1927
HELLER, K.: Intelligenzmessung, Villingen 1973
HELLER, K. (Hrsg.): Leistungsbeurteilung in der Schule. Heidelberg 1974
HERRMANN, Th.: Lehrbuch der empirischen Persönlichkeitsforschung. Göttingen 1969
HÖGER, D. u. a.: Der Kinder-Angst-Test (K-A-T) – ein Fragebogen zur Erfassung des Ängstlichkeitsgrades von Kindern ab 9 Jahren. In: diagnostica 16 (1970), 102 ff.
HÖRMANN, H.: Theoretische Grundlagen der projektiven Tests. In: Hdb. d. Psychol. Bd. 6. Göttingen 1964, 71–112
HOFER, M.: Die Schülerpersönlichkeit im Urteil des Lehrers. Weinheim 1969
HORN, W.: Prüfsystem für Schul- und Bildungsberatung. Göttingen 1969
HORNEY, K.: Der neurotische Mensch unserer Zeit. Stuttgart 1951 (amerikanische Erstausgabe: 1939)
HULL, C. L.: Principles of behavior. New York 1943
HYLLA/KRAAK/HORN/SCHWARZ/RAATZ: Aufgaben zum Nachdenken Azn 4+. Weinheim 1965

JOCHIMSEN, I./SCHWARZER, R.: Intelligenz- und Schulreifetests als Prädiktoren für den Schulerfolg nach vier Jahren (in Vorb.)

KIERKEGAARD, S.: Der Begriff Angst. 1844 (dt. 1952)
KLAUER, K. J.: Schülerselektion durch Lehrmethoden. In: Zeitschrift für erziehungswiss. Forschung (1969), 151–164
KLAUER, K. J. u.a.: Lehrzielorientierte Tests. Bd. 1 der Reihe „Studien zur Lehrforschung". Düsseldorf 1972

KLEINING, G./MOORE, H.: Soziale Selbsteinstufung (SSE). Ein Instrument zur Messung sozialer Schichten. In: KZfSS 20 (1968), 3

KLEITER, E.: Über Theorie und Modell kategorialer Fehler des Lehrerurteils. In: Psych. Beiträge 15 (1973), 185–229

KVALE, S.: Prüfung und Herrschaft. Weinheim 1972

LEVITT, E. E.: Die Psychologie der Angst. Stuttgart 1971

LIENERT, G. A.: Testaufbau und Testanalyse. Weinheim 1969 (3. Auflage)

MANDLER, G./SARASON, S. B.: A study of anxiety and learning. In: J. abnorm. soc. Psychol. 47 (1952), 166–173

McNEMAR, Quinn: Psychological Statistics. New York 1955

MEYER, W. U.: Leistungsmotiv und Ursachenerklärung von Erfolg und Mißerfolg. Stuttgart 1973

MINSEL, W.-R.: Praxis der Gesprächspsychotherapie. Wien 1974

MOELLER, M. L.: Zur Psychoanalyse der Prüfungsangst. In: betrifft: erziehung 1 (1968), 19–21 und 2 (1969), 16–20

MORRIS, L. W./LIEBERT, R. M.: The relationship of cognitive and emotional components of test anxiety to physiological arousal and academic performance. In: Journal of Consulting and Clinical Psychology 35 (1970), 332–337

NEVILLE, D./PFOST, Ph.//DOBBS, V.: The relationship between test anxiety and silent reading gain. In: Amer. Educ. Res. Journal (1967), 45–50

NICKEL, H./SCHLÜTER, P.: Angstwerte bei Hauptschülern und ihr Zusammenhang mit Leistungs- sowie Verhaltensmerkmalen, Lehrerurteil und Unterrichtsstil. In: Z. f. Entw.ps. u. Päd. Ps. 2 (1970), 125–136

NICKEL, H./SCHLÜTER, P./FENNER, H.-H.: Angstwerte, Intelligenztest- und Schulleistungen sowie der Einfluß der Lehrerpersönlichkeit bei Schülern verschiedener Schularten. In: Psych. in Erz. u. Unterr. 20 (1973), 1–13

ORLIK, P.: Ein Beitrag zu den Problemen der Metrik und der diagnostischen Valenz schulischer Leistungsbeurteilungen. In: Z. f. exp. ang. Psych. 8 (1961), 400–408

OSTERHOUSE, R. A.: Desensitization and study-skills trainings as treatment for two types of test-anxious students. In: Journal of Counseling Psychology 19 (1972), 301–307

PAIVIO, A./BALDWIN, A. L./BERGER, S. M.: Measurement of children's sensitivity to audiences. In: Child Develpm. 32 (1961), 721–730

PAWLIK, K.: Dimensionen des Verhaltens. Bern 1967, 1971 (2. Auflage)

PHILLIPS, B. N./MARTIN, R. P./MEYERS, J.: School-related interventions with anxious children. In: SPIELBERGER (1972), 410–464

RIEMANN, F.: Grundformen der Angst – eine tiefenpsychologische Studie. München 1961, 1973 (8. Auflage)

ROYL, W. (Hrsg.): Didaktische Informationen aus Schulversuchen, 1975 (in Vorb.)

ROYL, W./JOCHIMSEN, I.: Projekt „Koordinierte Lernerfolgsmessung" – Jahresbericht 1973. Kiel 1974

ROYL, W./SCHWARZER, R.: Testdaten und Schulnoten beim Eintritt in die differenzierte Orientierungsstufe – geschlechts- und sozialschichtspezifische Analysen. In: SCHWARZER (1974)
RUEBUSH, B. K.: Interfering and facilitating effects of test anxiety. J. abnorm. soc. Psychol. 60 (1960), 205–212
RUEBUSH, B. K./BYRUM, M./FARNHAM, L. J.: Problem solving as a function of children's defensiveness and parental behavior. In: J. abnorm. soc. Psychol. 67 (1963), 355–362

SACHS, L.: Statistische Auswertungsmethoden. Berlin 1972 (3. Auflage)
SANFORD, F. H./CAPALDI, E. J. (Hrsg.): Wahrnehmung, Lernen und Konflikt. Bd. 2 der Reihe „Moderne Psychologische Forschung". Weinheim 1971
SARASON, I. G.: Test anxiety and the model who fails. In: Journal of Personality and Social Psychology 22 (1972), 410–413
SARASON, I. G./KESTENBAUM, J. M./SMITH, D. H.: Test anxiety and the effects of being interviewed. In: Journal of Personality 40 (1972), 242–250
SARASON, I. G.: Test anxiety, attention, and the general problem of anxiety. Hektogramm 1973
SARASON, S. B.: The measurement of anxiety in children: Some questions and problems. In: SPIELBERGER (1966), 63–80
SARASON, S. B./HILL, K. T./ZIMBARDO, P. G.: Eine Längsschnittuntersuchung über den Zusammenhang zwischen Prüfungsangst und dem Verhalten bei Intelligenz- und Schulleistungstests. In: WEINERT, F. (Hrsg.): Pädagogische Psychologie, Köln 1967
SARASON, S. B./DAVIDSON, K. S./LIGHTHALL, F. F./WAITE, R. R.: A test anxiety scale for children. In: Child develpm. 29 (1958), 105–113
SARASON, S. B./DAVIDSON, K. S./LIGHTHALL, F. F./WAITE, R. R./RUEBUSH, B. K.: Angst bei Schulkindern (1960), dt: Stuttgart 1971
SARNHOFF, J./LIGHTHALL, F. F./WAITE, R. R./DAVIDSON, K. S./SARASON, S. B.: A crosscultural study of anxiety among American & English school children. In: J. educ. Psychol. 49 (1958), 129–137

SCHELL, H.: Angst und Schulleistung. Göttingen 1972
SCHLEE, J.: Sozialstatus und Sprachverständnis. Düsseldorf 1973
SCHLEE, J.: Bericht für das Jahr 1973 über die Untersuchung zur prognostischen Validität von Leistungs- und Persönlichkeitsmessungen zur Vorbereitung einer sicheren Schullaufbahn-Prognose. Kiel 1974
SCHNEIDER, D. J.: Implicit Personality Theory: a review. In: Psychol. Bull. 79 (1973), 294–309
SCHWARZER, R.: Wissenschaftliche Begleitung des Modellversuchs „Versuch mit einem schulinternen Medienverbundsystem in den städtischen Handelslehranstalten Kiel", Jahresbericht 1973 über die Voruntersuchung. Kiel 1973
SCHWARZER, R. (Hrsg.): Lernerfolg und Schülergruppierung – Untersuchungen zur pädagogischen Diagnostik und Unterrichtsorganisation im differenzierten Schulwesen. Bd. 9 der Reihe „Studien zur Lehrforschung". Düsseldorf 1974

SCHWARZER, R./STEINHAGEN, K. (Hrsg.): Adaptiver Unterricht – Beiträge zur Wechselwirkung zwischen Schülermerkmalen und Unterrichtsmethoden. München 1975

SEITZ, W.: Über die Beziehung von Persönlichkeitsmerkmalen, Intelligenz und Schulnoten. In: Zeitschrift f. exp. u. angew. Psych. 2 (1971), 307 ff.

SPADA, H.: Die Gewinnung didaktischer Informationen aus Testdaten auf der Grundlage von Verallgemeinerungen der RASCH-Meßmethode. In: ROYL (1975)

SPADA, H.: Modelle des Denkens und Lernens. Bern 1974

SPENCE, K. W./TAYLOR, J.: Anxiety and strenghth of the UCS as determiners of the amount of eyelid conditioning. In: J. exp. Psych. 42 (1951), 183–188; dt. in: SANFORD/CAPALDI, S. 80 ff.

SPENCE, K. W./FARBER, I. E.: Conditioning and extinction as a function of anxiety. In: J. exp. Psych. 45 (1953), 116–119; dt. in: SANFORD/CAPALDI, S. 89 ff.

SPENCE, K. W.: Behavior theory and conditioning. New Haven 1956

SPENCE, J./SPENCE, K. W.: The motivational components of manifest anxiety: drive and drive stimuli. In: SPIELBERGER (1966), 291–326 (c)

SPIELBERGER, C. D.: Theory and research on anxiety. In: SPIELBERGER (1966), 3–22 (a)

SPIELBERGER, C. D.: The effects of anxiety on complex learning and academic achievement. In: SPIELBERGER (1966), 361–398 (b)

SPIELBERGER, Ch. D. (ed): Anxiety and behavior. New York & London 1966 (c)

SPIELBERGER, C. D./GORSUCH, R. L./LUSHENE, R. E.: Manual for the state-trait anxiety inventory, Consulting Psychologists Press. Palo Alto 1970

SPIELBERGER, C. D. (ed): Anxiety: Current trends in theory and research. Vol. 2. New York 1972

SPREEN, O.: Konstruktion einer Skala zur Messung der manifesten Angst in experimentellen Untersuchungen. In: Psycholog. Forschung 26 (1961), 205–223

STANFORD, D./DEMBER, W./STANFORD, L.: A children's form of the Alpert-Haber Achievement Anxiety Scale. In: Child Develpm. 34 (1963), 1027–1032

STAPF, K. H.: Praktische Erfahrungen mit dem Meßmodell von RASCH bei der Konstruktion von erziehungsspezifischen Einstellungsskalen. In: Psychol. Beiträge 12 (1970), 105–114

STAPF, K. H./HERRMANN, Th./STAPF, A./STÄCKER, K. H.: Psychologie des elterlichen Erziehungsstils. Stuttgart 1972

STENGEL, E.: Prüfungsangst und Prüfungsneurose. In: Zeitschrift für psychoanalytische Pädagogik 10 (1936), 300–320

TAYLOR, J.: The relationship of anxiety to the conditioned eyelid response. In: J. exp. Psych. 41 (1951), 81–92; dt. in: SANFORD/CAPALDI, S. 64 ff.

TAYLOR, J.: A personality scale of manifest anxiety. In: J. abnorm. soc. Psychol. 48 (1953), 285–290

TENT, L.: Die Auslese von Schülern für weiterführende Schulen. Göttingen 1969

THURNER, F./TEWES, U.: Der Kinder-Angst-Test. Göttingen 1969
TOBIAS, S.: Anxiety, attribute by treatment interactions and individualized instruction. Hektogramm 1972
TOBIAS, S.: Sequence, familiarity and attribute by treatment interactions in programed instruction. In: J. Educ. Psych. 64 (1973), 133–141
ÜBERLA, K.: Faktorenanalyse. Berlin 1968
ULICH, D./MERTENS, W.: Urteile über Schüler. Weinheim 1973
VONTOBEL, J.: Leistungsbedürfnis und soziale Umwelt. Bern 1970
WASNA, M: Motivation, Intelligenz und Lernerfolg. München 1972
WEINER, B.: Die subjektiven Ursachen von Erfolg und Mißerfolg: Anwendung der Attribuierungstheorie auf das Leistungsverhalten in der Schule. In: EDELSTEIN, W./HOPF, D. (Hrsg.): Bedingungen des Bildungsprozesses. Stuttgart 1973
WIECZERKOWSKI, W./BASTINE, R./FITTKAU, B./NICKEL, H./TAUSCH, R./TEWES, U.: Verminderung von Angst und Neurotizismus bei Schülern durch positive Bekräftigungen von Lehrern im Schulunterricht. In: Entwicklungspsychol. u. Pädagog. Psychol. 1 (1969), 3–12
WIECZERKOWSKI, W./NICKEL, H./JANOWSKI, A./FITTKAU, B./RAUER, W.: Angstfragebogen für Schüler. Braunschweig und Göttingen 1974
WINER, B. J.: Statistical Principles in experimental design. New York 1971 (2. Auflage)
WITKIN, H. A./OLTMAN, P. K./RASKIN, E./KARP, S. A.: A manual for the embedded figures tests. Palo Alto 1971
WOLPE, J.: The conditioning and deconditioning of neurotic anxiety. In: SPIELBERGER (1966c), 179–192
YERKES, R. M./DODSON, J. D.: The relation of strength of stimulus to rapidity of habit formation. In: J. comp. Neurol. & Psychol. 18 (1908), 459–482
ZIELINSKI, W.: Beziehungen zwischen Ängstlichkeit, schulischer Aktivität, Intelligenz und Schulleistungen bei 9–11jährigen Volksschülern. In: Schule und Psychologie 9 (1967), 265–272
ZUCKERMANN, M.: The development of an affect adjective check list for the measurement of anxiety. In: J. Consult. Psychol. 24 (1960), 457–462

Studien zur Lehrforschung

Band 1 Karl Josef Klauer u. a.
Lehrzielorientierte Tests
²1974. ISBN 3-590-14301-0

Band 2 Reiner Fricke
Über Meßmodelle in der Schulleistungsdiagnostik
1972. ISBN 3-590-14302-9

Band 3 Karl Josef Klauer
Das Experiment in der pädagogischen Forschung
1973. ISBN 3-590-14303-7

Band 4 Ralph W. Tyler
Curriculum und Unterricht
1973. ISBN 3-590-14304-5

Band 5 Karl Josef Klauer
Revision des Erziehungsbegriffs
1973. ISBN 3-590-14305-3

Band 6 Manfred Herbig
Differenzierung durch Fächerwahl
1974. ISBN 3-590-14306-1

Band 7 Hans Meister
Lehrmethoden, Lernerfolge und Lernvoraussetzungen bei Studenten
1974. ISBN 3-590-14307-X

Band 8 Erika Schildkamp-Kündiger
Frauenrolle und Mathematikleistung
1974. ISBN 3-590-14308-8

Band 9 Ralf Schwarzer (Hrsg.)
Lernerfolg und Schülergruppierung
1974. ISBN 3-590-14309-6

Band 10 Karl Josef Klauer
Methodik der Lehrzieldefinition und Lehrstoffanalyse
1974. ISBN 3-590-14310-X

Pädagogischer Verlag Schwann